Direito Sindical Francês e Brasileiro
uma História Comparada

Carmil Vieira dos Santos

Advogado trabalhista militante, formado em Direito pela Faculdade de Direito do Recife em 1985. Curso de pós-graduação em Direito do Trabalho Individual-Coletivo-Processual pela Fundação Faculdade de Direito da Bahia em 1997. Especialização em Direito do Trabalho e Direito Processual do Trabalho pelo Núcleo Mascaro e Mannrich, São Paulo, em 2001/2002.

Direito Sindical Francês e Brasileiro

uma História Comparada

LTr 75

EDITORA LTDA.

Rua Jaguaribe, 571
CEP 01224-001
São Paulo, SP — Brasil
Fone (11) 2167-1101

LTr 4353.7
Junho, 2011

Visite nosso site:
www.ltr.com.br

Dados Internacionais de Catalogação na Publicação (CIP)
(Câmara Brasileira do Livro, SP, Brasil)

Santos, Carmil Vieira dos

O direito sindical francês e brasileiro : uma história comparada / Carmil Vieira dos Santos. — São Paulo : LTr, 2011.

Bibliografia

ISBN 978-85-361-1767-6

1. Direito sindical — Brasil 2. Direito sindical — França 3. Sindicalismo — Brasil 4. Sindicalismo — França I. Título.

11-04656 CDU-34:331.88

Índice para catálogo sistemático:

1. Direito comparado francês e o brasileiro : Direito sindical : Direito do trabalho 34:331.88

Dedico esta obra à minha esposa, Maria Silva, e aos meus filhos Iara, Iaci e João Neto, que muito me ajudaram e me apoiaram para a realização deste importante estudo na minha vida.

Dedico, também, este trabalho a todos os Sindicatos de Trabalhadores que lutaram pela redemocratização do nosso País.

Em memória de meu pai, João Vieira dos Santos,
e de minha mãe, Ana Vieira dos Santos.

Agradecimentos

Ao professor José Augusto Rodrigues Pinto e à professora Yone Frediani, pelas valiosas orientações que me deram nesta reflexão do direito sindical francês, bem como aos amigos e amigas: Marilene e Campos, Pedro Prado, Cecy Yara, Cristina Paiva, Luciana Cesário e Paulo Dorta, que sempre me estimularam a continuar estudando.

Ao Dr. João Batista, Desembargador do Tribunal Regional do Trabalho da 19ª Região, que me emprestou excelentes obras sobre o direito sindical francês e sugeriu modificações importantes neste trabalho.

Ao professor Nelson Mannrich, que me possibilitou participar do Curso de direito sindical francês, na Faculdade de direito do Largo São Francisco, em São Paulo, nos meses de outubro e novembro de 2009.

Ao professor Renato Rua, que, lendo o texto-base de minha pesquisa, alertou-me para a reforma do direito sindical francês promovida pela lei de outubro de 2008.

Ao professor Amauri Mascaro Nascimento, mestre dos mestres, que sempre me inspirou a aprofundar o tema direito sindical.

Ao colega e amigo Antônio Celso Moreira, advogado do Sindicato dos Rodoviários de São José dos Campos — SP, que me ajudou a ter uma visão mais profunda deste trabalho.

Sumário

Capítulo 4 — A Organização do Direito Sindical Francês

Capítulo 5 — A Representatividade do Sindicato no Modelo Francês

Capítulo 6 — A Lei de 20 de outubro de 2008 sobre a Democracia Social e a Representatividade Sindical

Capítulo 7 — A Ação dos Sindicatos no Modelo Sindical Francês

Capítulo 8 — As Instituições do Direito do Trabalho e do Direito Sindical Francês

Capítulo 9 — O Direito de Greve no Direito Sindical Francês

Capítulo 10 — Convergências e Divergências entre o Direito Sindical Francês e o Direito Sindical Brasileiro

Prefácio

O sindicalismo foi, provavelmente, a fonte mais vigorosa de inspiração do direito do trabalho, embora no Brasil poucos de seus estudiosos se apercebam de toda a extensão dessa influência. Para se aperceberem, entretanto, basta refletir um pouco sobre a inestimável contribuição da penosa e prolongada luta pela sua autoafirmação e do decisivo papel que essa luta exerceu na formação do sub-ramo disciplinar de direito coletivo, notável pelo pioneirismo do conteúdo e por produzir os mais efetivos instrumentos de proteção do direito individual do desvalido econômico com a força imperativa dos grupos profissionais.

Estando-se atento a isso, é fácil concluir que o movimento sindical, que agitou todo o século XIX até conquistar o reconhecimento universal, é fruto natural da conjunção de dois importantes fenômenos vindos do século anterior, responsáveis por uma das mutações de caráter mais transcendentes da civilização, a ponto de merecerem o rótulo excepcional de "revoluções": a Industrial e a Francesa.

Se nos indagarem que traço tão crucialmente comum enlaça esses dois fenômenos históricos, aparentemente tão distintos entre si, diremos que é a descoberta de um ícone da modernidade: a dignidade do homem enquanto ser individual e social.

De fato. Rasgando o pesado manto do absolutismo monárquico para outorgar ao súdito a liberdade de participar com sua vontade e voz da "racionalização do poder" antes monopolizado pelo Estado, a Revolução Francesa, proclamando o que ela mesma chamou de "direitos do homem", vivificou, em verdade, o sentimento reprimido, e por isso difuso, da dignidade do indivíduo, portal do monumento desde então laboriosamente erguido pelo constitucionalismo aos "direitos fundamentais".

Simultaneamente, revestindo a mais antiga das relações humanas — a de trabalho — com a roupagem nova da tecnologia, criadora de infinitas possibilidades de geração e usufruto de riquezas, a Revolução Industrial despertou na massa trabalhadora essa consciência, tão preciosamente sintetizada na lição de Amoroso Lima:

> o trabalho não é uma agitação vã, nem uma válvula de segurança, nem um dinamismo econômico, nem uma penalidade pelo pecado. O trabalho é o caminho para a felicidade. O homem trabalha para ser feliz. O trabalho é o meio que lhe permite, moralmente, realizar ou não, as condições essenciais de sua felicidade, vencendo ou não os obstáculos que se lhe opõem.

Consciência forjada no desafio, vencido passo a passo pela classe operária, de remir o trabalho do estigma de opressão servil e convertê-lo na redenção da dignidade do homem, em sua dimensão social, portal do monumento desde então arduamente erguido aos "direitos sociais".

Não é de estranhar que, sendo um estuário das ideias libertárias que alimentaram e deram sustentação a ambos os processos de mutação revolucionária, a França fosse também a sementeira de um modelo de organização sindical permanentemente comprometido com o ideal do evolucionismo e incondicionalmente tributário do amor à liberdade individual e coletiva do trabalhador.

Não é de estranhar também que o Brasil, preso pelos grilhões do atraso a uma metrópole estagnada pelas limitações espirituais do obscurantismo medieval; impermeável por longo tempo ao sopro renovador da estrutura laboral nascida da parceria econômico-tecnológica da produção com o trabalho; recipiendário dos influxos da economia industrial, com século e meio de atraso, pois quando mal saía de um ordenamento social escravocrata, já marchava em direção diametralmente oposta à da França ao cuidar da construção de um direito laboral imposto e um sindicalismo sufocado pelo guante do dirigismo estatal.

Disso só nos poderia advir a combinação, até agora característica, de uma regulamentação heterônoma hipertrofiada da relação individual de trabalho com um desinteresse negligente pela exploração dos ricos horizontes do direito coletivo, induzido por notória insuficiência cultural em desenvolver um modelo de organização sindical legitimado por liames sadios com as raízes do sindicalismo autêntico.

As considerações acima resumidas, sob o estímulo da leitura do livro *O direito sindical francês e o brasileiro — uma história comparada*, que o advogado Carmil Vieira dos Santos nos distingue com a solicitação de prefaciar, provocam a visão de qualquer estudioso ou militante compenetrado do sindicalismo no Brasil para a essencialidade do acesso a uma cuidadosa análise histórica comparativa de dois modelos de ideário e organização sindical tão opostos: o da França e o do Brasil. Tal comparação terá o precioso efeito de lançar luzes para compreender o passado e fundar esperanças sobre a construção do futuro, num momento em que o direito do trabalho se empenha na procura aflita de novos paradigmas que lhe revitalizem a efetividade de atuação para fazer frente ao vertiginoso processo de mutação da sociedade pós-industrial.

No entanto, em todo o extenso referencial bibliográfico de nossas editoras não nos consta existir nenhum título correspondente a essa temática, em boa hora abraçada pelo autor. Isso revela, por um lado, o papel secundário que é atribuído ao direito sindical e coletivo entre nós. Mas, por outro, acende uma luz de advertência para a riqueza dos muitos veios inexplorados neste vasto manancial da ciência jurídica, graças a uma espécie de aversão inconsciente do direito do trabalho brasileiro por essa parte de seu próprio organismo.

Podemos, então, afirmar com segurança que este livro vem preencher um vazio nada desprezível de nossa literatura laboral. E o faz com elogiável competência, que se nota à simples leitura de seu sumário, que antecipa os cuidados com o rigor metodológico, o apuro da pesquisa e a riqueza informativa da narração qualificada pela difícil aliança de profundidade e síntese da matéria exposta.

A leitura do texto, por sua vez, revela o zelo idiomático, a propriedade do linguajar técnico e a fluência da exposição, confluentes para a trilogia de virtudes que a força criadora da intelectualidade francesa, com a qual o autor denota conviver muito à vontade, é tão ciosa em preservar: *clarté, clarté et clarté.*

Em razão disso, muito se tem a extrair, para reflexão e aprendizado, da sucessão dos capítulos escritos sobre os antecedentes e as raízes do movimento sindical francês; sobre sua participação na resistência ao domínio político e militar estrangeiro na longa noite da II Guerra Mundial; sobre sua formatação contemporânea; sobre o significado que empresta à noção de liberdade sindical e o uso que faz das suas várias nuanças; sobre a importância que atribui à representatividade dos entes sindicais e sobre sua organização; sobre a ação do sindicato nas várias instâncias de relações e conflitos do trabalho; sobre as instituições do direito do trabalho na área de influência do seu sindicalismo; sobre a conceituação, análise e exercício do direito de greve e ação sindical.

Tudo isso conduz a um fecho que é o *leitmotiv* de toda a obra: a análise das convergências e divergências do sindicalismo francês com o brasileiro, desenvolvida no último capítulo, que permite o cotejo de dois modelos de um mesmo movimento prismatizado pelas diferenças históricas e sociais das duas nações em que vicejou.

Eis aí sobradas razões para aplaudir a qualidade da obra, congratular o autor que a produziu, agradecer à editora que a divulga e concitar os leitores à sua leitura.

José Augusto Rodrigues Pinto
Da Academia Nacional de Direito do Trabalho

Introdução

Nosso desejo de realizar uma pesquisa e um estudo sobre o direito sindical francês teve início ao elaborarmos, em 2002, o roteiro para o trabalho final de pós-graduação no Núcleo Mascaro, em São Paulo.

Esse trabalho se denominou "Modelo sindical brasileiro: propostas para a reforma", que abrangia, inicialmente, não só os aspectos históricos do direito coletivo e sindical no Brasil, mas também uma comparação com os modelos italiano, espanhol, português e francês. Como se vê, o referido trabalho seria extenso demais e, então, fomos orientados no sentido de excluir da pesquisa o modelo sindical francês.

No entanto, a ideia e o propósito de pesquisar e estudar o direito sindical francês não se arrefeceram. Ao contrário, fortaleceram-se a tal ponto que, em 2004, iniciamos a pesquisa.

Na verdade, para grande surpresa nossa, ao começarmos o levantamento da bibliografia, não conseguimos nenhum livro em português que tratasse, pelo menos de modo geral, da matéria. Tivemos, então, que procurar as obras de juslaboralistas franceses, cujos nomes o leitor constatará exaustivamente nas notas de rodapé: Gerard Lyon-Caen, Jean Pélissier, Alain Supiot, Bernard Teyssié, além de obras como *Droit syndical et droits de l'homme à l'aube du XXI siècle:* mélanges en l'honneur de Jean-Maurice Verdier e a que nos serviu de grande suporte: *Code du Travail*, o Código do Trabalho francês. Posteriormente, o doutor João Batista, desembargador do TRT da 19ª Região, emprestou-nos alguns livros sobre o direito sindical francês, entre eles, o *Manual de direito do trabalho*, de Jean-Claude Javillier, publicado pela LTr em 1988.

O livro de Alain Bihr, *Da grande noite à alternativa*, trata profundamente sobre o movimento operário europeu em crise, mas, além de não ser específico da França, limita-se a uma análise crítica, política e sociológica. Ressalte-se, no entanto, que, em 2009, sob a coordenação de Thales Morais da Costa, foi publicada a obra *Introdução ao direito francês*, escrita por vários autores, em dois volumes, pela Editora Juruá, tratando sobre diversos aspectos do direito público e do direito privado francês.

A nosso ver, esta obra deve constituir-se num marco histórico entre o direito comparado francês e o brasileiro.

De logo, afirmamos assumir inteira responsabilidade pelas interpretações ou traduções que fizemos nesta pesquisa, referentes aos renomados juristas franceses. Por isso, até, sugerimos que o leitor, tendo condições, confira as referidas citações nos próprios originais.

Nosso roteiro de pesquisa seguiu o método tradicional. No capítulo primeiro, relatamos fatos importantes anteriores ao movimento sindical francês (de 1895 a 1974), complementando com alguns enfoques da ebulição social de maio de 1968, na França, e algumas de suas consequências para o movimento sindical francês.

No segundo capítulo, já no período contemporâneo, procuramos descrever o enfraquecimento do direito do trabalho em face da globalização da economia, a consequente crise do sindicalismo francês, as tentativas para a redução do desemprego e o sindicalismo francês em face da União Europeia.

No capítulo terceiro, lançamos as reflexões de grandes mestres sobre a liberdade sindical, em suas diversas facetas, com as suas repercussões na constituição e no funcionamento dos sindicatos, bem como nas relações entre os sindicatos e as empresas.

O capítulo quarto trata especificamente da organização do direito sindical francês, sem esquecer os seus objetivos, as normas jurídicas que o regem e a jurisprudência sobre a matéria.

O capítulo quinto ressalta os critérios legais da representatividade sindical, experiência muito fecunda para a diferenciação entre os temas polêmicos: representação, legitimidade, autenticidade e representatividade dos sindicatos, seja na França, seja no Brasil.

O capítulo sexto analisa a Lei de 20 de outubro de 2008 sobre a democracia social e a representatividade sindical, na qual são estabelecidas as novas regras da validade dos acordos coletivos, negociação coletiva, liberação de dirigentes sindicais e recursos e meios para o funcinamento dos sindicatos.

O capítulo sétimo visa à exposição dos diversos tipos de ações que são atribuídas aos sindicatos franceses, tanto na esfera administrativa como na esfera judicial e, ainda, na empresa privada e na pública.

O capítulo oitavo cuida das Instituições Públicas que se preocupam com o direito do trabalho e, consequentemente, julgam o direito sindical e coletivo do trabalho na França.

O capítulo nono trata do direito de greve no Direito Sindical Francês, começando por um breve histórico da greve, sua conceituação e definição, bem como do exercício e direito de greve e, ainda, os direitos do empregador em face da greve.

De toda a pesquisa e das reflexões feitas, podemos, no capítulo décimo, por fim, comparar o direito sindical francês com o brasileiro, elencando algumas convergências e divergências entre os dois modelos. Para isso, procuramos seguir os temas tratados, o que nos pareceu mais correto e coerente para uma comparação objetiva dos dois sistemas sindicais.

Na análise dessas convergências e divergências, mais uma vez fomos surpreendidos com a fecundidade do direito sindical francês que, sem dúvida, trouxe, e ainda poderá trazer, uma grande contribuição para o direito sindical no Brasil. Lamentamos que haja pouco ou quase nenhum interesse dos juslaboralistas brasileiros pelo direito sindical francês, salvo as honrosas exceções.

Confessamos que ainda não descobrimos bem as causas desse desinteresse, mas esperamos que, a partir desta pesquisa, outros estudiosos se empenhem, pelo menos, em conhecer mais de perto a história do sindicalismo e do direito do trabalho na França e sua contribuição para o direito sindical brasileiro.

Por fim, vale ressaltar que no final de 2008, quando praticamente havíamos concluído nossa pesquisa, foi promulgada a nova lei francesa sobre a reforma do direito do trabalho e do direito sindical. Na verdade, a lei de 20 de outubro de 2008 modificou, em muitos aspectos, o direito sindical francês, o que nos obrigou a refazer e a complementar grande parte deste trabalho.

Assim, o leitor atento perceberá não só a dialética do direito sindical francês, como também a dinâmica da metodologia da nossa pesquisa.

Sobre a nossa pesquisa, solicitamos críticas e sugestões para que continuemos o valioso estudo desse filão inesgotável que é o direito sindical francês comparado com o brasileiro.

Capítulo 1

O Surgimento do Movimento Sindical Francês

1. *Considerações gerais*

O movimento sindical francês, como em outros países, não poderia fugir à regra geral de se deixar influenciar por fatos históricos antecedentes que, de certa maneira, acabaram por determinar o seu surgimento.

Assim, a Revolução Francesa, um fato marcante na história da humanidade, praticamente é citada por todos os autores que falam ou que discorrem a respeito, seja do surgimento do capitalismo, seja do movimento sindical.

No caso específico, a nossa literatura é escassa a respeito do direito sindical francês, especialmente em relação a obras traduzidas para o português, ou mesmo de autores brasileiros e portugueses. É muito importante que citemos alguns fatos que influenciaram ou que, de certa forma, até determinaram o surgimento, a evolução e, posteriormente, a consolidação do movimento sindical francês.

2. *Fatos importantes anteriores ao movimento sindical francês* (1789-1895)

Antes da Revolução de 1789, as corporações agrupavam todos aqueles que exerciam uma atividade em determinado setor. Só podia trabalhar quem era membro da corporação (monopólio) e respeitasse suas regras (poder regulamentado).

No entanto, à sombra das corporações, os operários organizavam suas próprias associações, quase sempre de modo secreto. Daí se inicia um processo de relações coletivas entre operários e mestres, que terminavam em coligações.(1)

A Revolução Francesa (1789) é, sem dúvida, o grande fato histórico ou a grande força motriz que alavanca toda uma ebulição social e toda uma reviravolta dos usos e costumes. Ela lança as sementes da dominação política da classe em ascensão — a burguesia, cujo poder econômico necessitava, para sua consolidação, assenhorear-se do poder político e, assim, impor seu projeto de sociedade (capitalismo) a todas as camadas sociais, especialmente sobre a grande massa de assalariados. O Código Civil Napoleônico (1804) lança as bases jurídicas do capitalismo na França. E, dessa forma, organizando o mercado, as bases do direito do trabalho são alicerçadas, uma vez que, para resolver os conflitos sociais trabalhistas gerados pelas contradições de classe, normas ou regras, são criadas entre as partes envolvidas. Ao capitalismo não interessa o caos, e, sim, a ordem social sob controle.

A liberdade do trabalho, do comércio e da indústria é proclamada por um Decreto de 17 de março de 1791 (*d'Allarde*). A "faculdade de trabalhar" é exigida como um dos primeiros direitos do homem: "a primeira propriedade, a mais sagrada, a mais imprescindível".(2)

Mas, se, de um lado, a Revolução Francesa trouxe a liberdade do trabalho, por outro lado, ela suprimiu o regime corporativista e proibiu qualquer outro tipo de coalizão ou de união dos trabalhadores e, especialmente, dos assalariados.(3)

As leis proibiam os agrupamentos profissionais e qualquer tipo de coalizão, não obstante o lema: liberdade, igualdade e fraternidade. A lei Le Chapelier, de 17 junho de 1791, a fim de se opor a qualquer reconstituição das corporações, isolou o trabalhador do empregador. A referida lei diz o seguinte: "os operários e os camponeses não poderão formar regulamentos sobre seus pretensos interesses comuns". Por isso, o mestre Bernard Teyssié afirma o seguinte: *La France révolutionaire et post-révolutionaire en offrit une belle exemple en interdisant les groupements profissionnels et en réprimant le délit de coalition* (...).(4)

Por sua vez, o Código Penal reprimia qualquer coalizão e qualquer associação não autorizada com mais de 20 pessoas. Assim, ao liberalismo econômico se juntava o individualismo. O contrato de trabalho era tido como um simples contrato individual entre o empregado e o empregador. Naturalmente, o empregado não dispunha nem de meios, nem de condições para discutir um contrato já preestabelecido pelo empregador.

---

(1) JAVILLIER, J. C. *Manual de direito do trabalho*, p. 18.

(2) JAVILLIER, J. C. Ob. cit., p. 18.

(3) ALLAND, D. *et al. Dictionnaire de la culture juridique*, p. 472-473.

(4) TEYSSIÉ, B. *Droit du travail*, p. 1.

Por conseguinte, as relações de trabalho ficavam entregues à plena autonomia da vontade. O contrato era qualificado pelo Código Civil como prestação de serviços. Na prática, esse contrato era apenas um contrato de adesão, no qual o empregador impunha as condições e a remuneração do trabalho. Por exemplo, o art. 1.780 do Código Civil estabelecia uma regra proibitiva, que era a seguinte: "a locação de serviços não pode ter vez, senão por um tempo e por uma empresa determinada. Por isso é que se diz que tal situação é de quase escravidão ou servidão".[5]

No entanto, como a sociedade não para de evoluir, o século XIX também é agitado pela questão social, abordada, sobretudo, de um ponto de vista humanitário e romântico. É no século XIX que se constituem a filosofia do socialismo utópico e a grande indústria com um movimento operário, cujo desenvolvimento exerce uma influência marcante sobre as leis sociais.

Assim, aparece a primeira lei social, de 22 de março de 1841, que trata do trabalho das crianças empregadas nas manufaturas. Essa lei fixava a idade de admissão em 8 anos e proibia às crianças o trabalho à noite e as atividades perigosas. No entanto, de 12 a 16 anos era lícito fazer com que as crianças pudessem trabalhar até setenta e duas horas por semana. Mesmo assim, essa lei, na prática, foi reprovada pelos empregadores, na sua ganância de explorar e lucrar mais.[6]

Por sua vez, a Revolução de 1848 tentou, pela primeira vez, realizar um programa social coerente, sob a influência das doutrinas socialistas. Proclama-se o direito ao trabalho, que trouxe como finalidade a realização da abertura dos ateliês nacionais destinados ao trabalho dos artistas; afirmou-se a liberdade de associação, a limitação da jornada de trabalho a dez horas para o adulto e a condenação do trabalho como mercadoria. Houve também a criação da comissão de Luxemburg, que foi um embrião do Ministério do Trabalho. Mas é oportuno dizer que essas reformas foram efêmeras, passageiras. Em 1849, elas foram revogadas.

No entanto, o liberalismo, por força do crescimento das lutas dos trabalhadores, após 1860, procurou conciliar-se com os meios operários para consolidar o crescimento da economia e das indústrias. Surgiu, assim, a importante lei de 25 de março de 1864, que suprimiu o delito de coalizão, tornando a greve lícita sob reserva, ou seja, ela não poderia atentar contra a liberdade do trabalho. Como, porém, a liberdade de associação não existia, a medida foi de pouca eficácia.

A Comuna de Paris, em 1871, tão falada por diversos historiadores, mesmo sob um governo operário, não teve tempo para atacar os problemas

---

(5) Além do mestre acima citado, seguimos, neste trabalho, os ensinamentos e a trilha metodológica dos seguintes clássicos franceses, entre outros: Gerard Lyon-Caen, Jean Pelissier e Alain Supiot.

(6) LYON-CAEN, G. *et al. Droit du travail*, p. 7-8.

sociais. Ao contrário: a repressão contra os comunistas criou um fosso entre a classe dirigente e os trabalhadores, que a 3ª República, ainda nascente, levou muito tempo para eliminar.

Aos poucos, contudo, algumas medidas legais foram tomadas. Assim, a lei de 19 de março de 1874 sobre o trabalho das mulheres e das crianças instituía, ao mesmo tempo, o corpo de inspeção do trabalho, sendo reforçada por uma lei de 1892. A duração do trabalho foi regulamentada. A lei de 13 de julho de 1906 estabeleceu um repouso semanal. Em 1919, triunfou a jornada de 8 horas e se estabeleceu a semana de 48 horas, já há muito tempo reclamada por milhares de trabalhadores.

A seguridade social do trabalho foi objeto de importante lei de 9 de abril de 1898, que dispôs, como ônus do empregador, a obrigação de garantir o salário contra o risco de acidente de trabalho. A lei de 1910, sobre as aposentadorias operárias e camponesas, não prosperou, mas a lei de 5 de março de 1928 estabeleceu uma previdência social, a qual protegia os trabalhadores em caso de doença, invalidez ou velhice.

Uma lei de 27 de dezembro de 1892 tentou, sem muito sucesso, regulamentar os conflitos coletivos de trabalho. Porém, esta iniciativa só foi consolidada a partir de 1910 pelo Código do Trabalho e pela instituição, desde 1906, de um Ministério do Trabalho. Contudo, essa ação ficou marcada por certo empirismo.

Todavia, foi a lei de 21 de março de 1884, sobre a liberdade de associação profissional, que constituiu o testemunho mais forte, o mais carregado de promessas do direito republicano. Pode-se duvidar de que um direito do trabalho seja praticável sem um pleno reconhecimento do direito sindical.(7) Com efeito, esse pleno reconhecimento começa pela liberdade e autonomia sindicais, sem o que a atuação do sindicato será sempre atrelada ao poder dominante e controlada pelos dirigentes sindicais sem compromisso com as bases.

3. O SURGIMENTO DO MOVIMENTO SINDICAL FRANCÊS (A PARTIR DE 1895)

O grande jurista laboralista francês Bernard Teyssié afirma que os sindicatos só surgiram efetivamente a partir de 1936, como um instrumento de organização profissional que integra as estruturas de um Estado cada vez menos indiferente ao jogo dos interesses privados e dotado de certas prerrogativas de direito público.(8)

---

(7) LYON-CAEN, G. *Droit du travail*, p. 9.

(8) TEYSSIÉ, B. *Droit du travail*, p. 7.

Contudo, este mesmo autor reconhece que, já a partir de 1864, com ab-rogação do delito de coalizão, os agrupamentos sindicais podiam, de fato, mobilizar-se. Já havia também certa tolerância por parte do Estado, ao reconhecer implicitamente a personalidade desses agrupamentos, atribuindo-lhes o direito de adquirir os bens necessários às suas atividades. Aliás, isso pode ser confirmado analisando-se a lei de 21 de março de 1884 e, bem posteriormente, a lei de 12 de março de 1920, que reconhece implicitamente a personalidade moral ou jurídica dos sindicatos.[9]

Sem dúvida, a referida lei de 21 de março de 1884, segundo Jean Rivero e Jean Savatier, transformou radicalmente o meio do trabalho e o Estado francês.[10] Assim, podemos dizer que o movimento sindical francês também passou por diversas fases de consolidação, desde a interdição até a tolerância e o reconhecimento legal dos sindicatos. Uma luta que durou anos e que continua ainda a se consolidar.

A lei Le Chapelier, ao negar a existência de interesses comuns às pessoas que exerciam a mesma profissão e interditar todo grupo profissional, visava tanto ao impedimento de qualquer tipo de união dos trabalhadores como também de corporações de ofício.

O art. 291 do Código Penal, como vimos anteriormente, proibia qualquer associação com mais de 20 pessoas sem autorização do Estado. O século XIX, marcadamente individualista, também era hostil aos agrupamentos intermediários entre o indivíduo e o Estado. A repressão era grande. Porém, mesmo assim, esses agrupamentos mantinham uma vida secreta, à base da fraternidade e do auxílio mútuo, e ainda procuravam o apoio do partido republicano.[11]

Por outro lado, querendo conciliar-se com os meios operários, Napoleão III manteve certa aproximação com as associações profissionais, admitindo alguma tolerância de fato. Essa política foi perseguida pela 3ª República.

A lei fundamental de 21 de março de 1884, chamada lei Waldeck-Rousseau, operou a passagem da tolerância de fato ao reconhecimento legal. Os sindicatos podiam doravante constituir-se livremente e adquirir a personalidade jurídica, mas na condição de depositar os seus estatutos e de revelar o nome dos seus dirigentes. A lei de 1884, anterior à lei de 1901, era sobre a liberdade de associação e teve inspiração liberal; era também semelhante às leis sobre a liberdade de reunião e de imprensa, não excluiu a desconfiança e permaneceu impregnada de individualismo.

---

(9) *Ibidem*, p. 4.

(10) RIVERO, J.; SAVATIER, J. *Droit du travail*, p. 114-115.

(11) LYON-CAEN, G. Ob. cit., p. 10.

A função inicial do sindicato era certamente defender os interesses de seus associados. O desaparecimento das corporações deixou um vazio que o sindicalismo preencheria.

Com a nova liberdade sendo reconhecida a todos aqueles que exerciam uma profissão e não somente aos trabalhadores associados, os sindicatos passaram a ser criados em todos os ramos da atividade econômica. E, logo, uma ideia nova apareceu, triunfando, principalmente, por meio da lei de 12 de março de 1920, a saber, que o sindicato era o órgão normalmente apto e habilitado a representar a profissão no seu conjunto, ou seja, os interesses coletivos e não apenas a soma dos interesses individuais. Assim, os poderes do sindicato, cada vez mais, foram sendo ampliados. Antes, porém, a lei de 25 de março de 1919 já consagrava o seu instrumento jurídico muito importante, que é a convenção coletiva do trabalho. Daí, os três pilares jurídicos do direito coletivo: liberdade sindical, liberdade de greve e convenção coletiva de trabalho.(12)

Além disso, o fenômeno sindical se generalizou a tal ponto que, logo após essa lei de 25 de março, os próprios empregadores utilizaram as possibilidades que o sindicalismo oferecia. No entanto, os dois movimentos foram destinados a se opor e a se compor, ou seja, de um lado, o capital e, do outro, o trabalho.

Finalmente, o direito sindical ultrapassou os limites das relações do trabalho assalariado. A liberdade reconhecida foi estendida também aos trabalhadores independentes, tais como artesãos, médicos, profissionais liberais de um modo geral, bem como aos produtores agrícolas. Os assalariados agrícolas constituíram seus sindicatos à parte.(13)

No período entre 1884 e a Primeira Guerra Mundial, a estrutura do movimento sindical se fez especialmente em função ou em busca de um esforço de "federação", no sentido amplo, que se percebe em três planos: primeiro, no plano geográfico e local, segundo, no plano profissional e, por fim, no plano de unificação nacional.

Com relação à federação, de logo se coloca a questão: sindicalismo de ofício ou sindicalismo operário? O primeiro preocupa-se específica e tão somente com os interesses de sua corporação e com os direitos simplesmente limitados à sua classificação profissional, enquanto os assalariados, de um modo geral, não criam restrições. Assim, o que prevaleceu para a formação da federação foi o "sindicalismo operário" e não o "sindicalismo de ofício". O sindicalismo francês optou por uma federação de indústria. No entanto, o

(12) JAVILLIER, J. C. Ob. cit., p. 20.

(13) LYON-CAEN, G. Ob. cit., p. 10-11.

sindicalismo de ofício não morreu e continuou, de certa forma, reaparecendo com a constituição de sindicatos, denominados sindicatos por categoria.(14)

Esse conceito de categoria entrou no direito sindical francês com a finalidade específica de instituir e significar o sindicato profissional, mas, como sabemos, no Brasil, o termo "categoria" passou a abranger todo e qualquer "conjunto de trabalhadores" que se constituísse em sindicato. Tornou-se tão genérico que os doutrinadores têm dificuldades em formular a sua conceituação.

Percebe-se, porém, que o direito sindical francês deu preferência ao sindicato operário, ao sindicalismo da indústria, onde os conflitos e as lutas eram constantes.

Em relação à confederação geral do trabalho, preocupou-se em agrupar e unir os trabalhadores nas bases (chamadas *bourses du travail*) ou uniões locais, de uma parte, e nas federações, de outra parte, numa organização única, tal como o objetivo do congresso sindical de Limoges de 1895, cuja obra foi seguida pelo congresso de Montpellier, em 1902.

A nova confederação objetivou agrupar uniões de bases e federações. Doravante, cada sindicato confederado adere simultaneamente a uma união sob o plano local e a uma federação sob o plano profissional.

A importância da criação da confederação geral do trabalho não pode ser subestimada. A partir desse momento, existe um organismo capaz de representar não apenas o interesse de tal ou qual profissão, mas o conjunto dos trabalhadores assalariados e, então, apto a defender os interesses coletivos da classe operária.

Assim, alcançando esse patamar de funções e atribuições, os sindicatos necessariamente não poderiam deixar de ter também um papel político na conjuntura do Estado. A ação desses sindicatos passa a ser naturalmente política, de um modo geral e, de modo particular, também por meio de partidos políticos, uma vez que, no seio do movimento sindical, sempre existiam e existem diversas tendências ideológicas, ou seja, a visão que têm do mundo, da sociedade e da luta de cada uma de suas profissões ou categoria de modo especial.(15)

No entanto, como observa Bernard Teyssié, essa opção leva também a consequências não muito agradáveis para o movimento sindical como um todo e para alguns sindicatos de modo particular como, por exemplo, dificuldade de recrutar mais sócios, além daqueles do círculo do partido político ou mesmo redução do próprio sindicato com relação a outras bases. Além

---

(14) *Ibidem*, p. 11.

(15) LYON-CAEN, G. Ob. cit., p. 12.

disso, gera certa rivalidade na relação com outros sindicatos, que não têm a mesma posição política. Por isso, uma grande parte dos sindicatos sucumbiu, criando divisões e mais divisões, fonte de enfraquecimento nos quadros nacional e internacional.[16]

Por outro lado, a história demonstra que, desde a sua origem, o movimento sindical, ao menos no nível de sua confederação e federação, se manifesta pela autonomia do próprio movimento sindical, em relação a todo e qualquer partido político. Isso foi afirmado no congresso de Montpellier, em 1902: "o sindicato se agrupa fora de toda escola política, os trabalhadores conscientes da luta que devem conduzir para o desaparecimento do assalariado". É, sobretudo, no congresso de 1906, que triunfa a independência sindical frente aos partidos políticos, na célebre *Carta D'Amiens*, objeto de controvérsias até os dias de hoje.[17]

De certa forma, existe uma ambiguidade quanto a essa autonomia: ela significa que o sindicato deve ser independente de todo partido político, que todo trabalhador pode a ele aderir, quaisquer que sejam suas posições ideológicas, mas também ela não exclui necessariamente as tomadas de posição próprias do sindicato em matéria política. Assim, na prática, o sindicato termina por tomar partido, a partir de seus pronunciamentos e por meio da prática dos seus dirigentes.

Não resta dúvida de que há uma ligação bastante estreita entre a luta reivindicativa e econômica, de um lado, e os problemas políticos de outra parte, porque no movimento sindical se proíbem certas incursões na política. Na prática, verifica-se que a acumulação de um mandato político com um mandato sindical sempre tem sido recebida com certa desconfiança por parte dos associados como também do restante da sociedade.

A luta pela abolição do assalariado, objetivo do sindicalismo confederado, fez aparecer, nesse período, duas grandes correntes de ação e de pensamento entre aqueles que redigiram a *Carta D'Amiens*. Na CGT, antes da primeira Guerra Mundial, coabitavam anarquistas e reformistas.

A corrente anarcossindicalista apelava mais à violência revolucionária. Esta corrente defendia o uso da violência revolucionária, a ação direta, pregando a greve geral para combater o capitalismo. Ela exprimia a mais profunda hostilidade aos políticos, às leis e ao Estado. A atitude libertária se alia a um antimilitarismo e a um pacifismo militante.

Por outro lado, a corrente reformista aceita e defende o Estado tal como ele é. A ação sindical, segundo essa corrente, deve levar a uma lenta transfor-

(16) TEYSSIÉ, B. Ob. cit., p. 11.
(17) LYON-CAEN, G. Ob. cit., p. 12-13.

mação do regime econômico, a uma melhoria de vida dos trabalhadores, a qual se realizará progressivamente. Nesta perspectiva, a política de presença no seio das instituições existentes, mesmo a colaboração com os poderes estabelecidos, não é condenável. A elaboração de um programa reivindicativo, o estudo das reformas da estrutura tal como as nacionalizações retêm especialmente a atenção dos reformistas.

A partir de 1905, mediante o princípio da livre constituição, foram criados, ao lado dos sindicatos confederados, outros sindicatos desejosos de colocar em prática a doutrina esposada nas grandes encíclicas pontifícias. Assim, em 1919 nasceu uma nova confederação: a Confederação Francesa dos Trabalhadores Cristãos. Sua estrutura era próxima à da CGT, embora agrupasse um grande número de sindicatos de ofício, e sua composição à época fez aparecer mais empregados de bancos, de seguradoras, que operários propriamente ditos.

A doutrina inicial era fundada sobre a necessária colaboração do capital e do trabalho. A nova confederação preocupava-se essencialmente com a política familiar. Apresentava-se como o vínculo da doutrina social da igreja, no meio dos trabalhadores, tendo, então, um caráter confessional acentuado, sendo a sua legitimidade colocada em dúvida em relação à laicidade do Estado. O que se perguntava era se a igreja como tal poderia ter presença nas instituições sindicais com uma doutrina, defendendo apenas a sua doutrina, a sua forma de ver o mundo e a sociedade.[18]

Aqui, sem dúvida, coloca-se um ponto importante de encontro e de convergência entre a doutrina social da Igreja Católica com o "sindicalismo estatal", quando ambos defendem a colaboração entre sindicato e Estado, entre o capital e o trabalho. Assim, estava aberta a porta para o corporativismo sindical, seja na sua versão fascista de Mussolini, franquista, salazarista ou getulista...

A Igreja abençoou a pedra fundamental do edifício sindical e os Estados ditatoriais, inclusive o brasileiro, construíram-no a seu modo e segundo os seus interesses.

A Alemanha invasora tentou impor à França o modelo sindical nazifascista, mas a resistência francesa jamais o aceitou e, após a ocupação, o modelo sindical francês tomou rumo próprio. Com efeito, com a invasão da França pela Alemanha (1940), o governo colaboracionista francês procurou desenvolver uma ideologia corporativa: não pode haver divergências de interesses

(18) LYON-CAEN, G. Ob. cit., p. 13. Para aprofundamento dessa questão: 1) Encíclica *Rerum Novarum* (Leão XIII — 1891); 2) MANGENEST, D. *Le discurs social de l'Église catholique*. Centurion, 1985; SUPIOT, A. *La dimension juridique de la doctrine sociale de l'Église*, 1991 e MARZOL, A. Le travail et la Bible. In: *Bíblia e Kultum Europy*. Tódz, 1992.

entre empregadores e associados. Os sindicatos são dissolvidos. A lei de 4 de outubro de 1941 estabelece a criação de sindicatos mistos e obrigatórios e proíbe o conflito social, nem greve e nem *lockout* (= greve patronal).[19]

Após esse breve relato de fatos históricos importantes para o movimento sindical francês, vamos agora adentrar um tema também de suma importância, o que, desde logo, fazemos em forma de perguntas: como surgiu e como se relacionou o direito do trabalho em face do surgimento do movimento sindical?

4. O DIREITO DO TRABALHO APÓS O SURGIMENTO DO MOVIMENTO SINDICAL FRANCÊS (1895-1974)

Como sempre aconteceu no seio do movimento sindical, foi surgindo a divisão no confronto das várias ideologias e facções políticas. Quais foram as causas dessa divisão? Apontam-se três causas estreitamente ligadas para explicar a ruptura da unidade do sindicalismo confederado. As três causas da divisão do sindicalismo francês são as seguintes:

1) a divergência de atitude dos sindicatos em face da guerra: uns aceitando a participação no esforço de guerra, mas outros totalmente internacionalistas, rejeitando qualquer cooperação;

2) as diferenças de comportamento em face da internacional sindical, criada em Moscou, logo em seguida à Revolução de outubro, na Rússia (1917);

3) as repercussões no mundo sindical da cisão ocorrida, no congresso de Tours, dentro do partido socialista.

Os comitês socialistas revolucionários, em minoria, foram excluídos da CGT e fundaram, em 1921, uma nova confederação, denominada Confederação Geral do Trabalho Unitário (CGTU).

A tendência da nova confederação é notadamente revolucionária. É o encontro dos comunistas e dos anarcossindicalistas.

Essa primeira divisão perdura por quinze anos. Em 1936, na atmosfera favorável criada pela frente popular, o congresso de Toulouse realiza a reunificação do movimento sindical: a Confederação Geral do Trabalho Unitário (CGTU) se reintegra com a CGT. Apenas a Confederação Francesa dos Trabalhadores Cristãos (CFTC) quase sempre fica isolada, sozinha.

Por sinal, a frente popular teve um papel importante para a união do movimento sindical francês. O que era a frente popular? Qual era a sua composição?

(19) *Ibidem*, p. 21.

A Frente Popular, na França, foi uma coligação dos partidos de esquerda: a SFIO, o Partido Comunista Francês e o Partido Radical, que governou a França de 1936 a 1938, os quais se uniram a um movimento de antigos combatentes e a movimentos especialmente intelectuais: a liga dos direitos do homem, o movimento contra a guerra e o fascismo e o comitê de vigilância dos intelectuais antifascistas, bem como outros pequenos partidos: a União Socialista Republicana, o Partido de Unidade Proletária etc.[(20)] Assim, o movimento sindical francês demonstrou qual seria a sua principal deficiência histórica: uma divisão persistente e insuperável.[(21)]

Como muito bem lembra Bernard Teyssié, o desenvolvimento das organizações sindicais contribuiu para transportar as relações de trabalho do plano individual para um nível mais coletivo, unindo, assim, de certa forma, apesar dos conflitos, o empregador ao assalariado.[(22)] Afinal, a solução coletiva diminui as tensões coletivas e individuais.

Mas se de um lado essas divisões atingiram também as organizações empresariais, de outro lado elas sempre se uniam ou tinham posições comuns por ocasião das negociações coletivas ou quando apresentavam listas únicas de candidato às eleições profissionais. A política dos dois principais agrupamentos é dividida da seguinte forma: de um lado, o Conselho Nacional do Patronato Francês, criado em 1945, sob a forma de uma associação que agrupa, em nível nacional, as federações constituídas por diversos ramos da atividade empresarial como construção, química, metalurgia etc. De outro lado, a confederação geral dos pequenos e médios empresários, que se preocupa em reunir os responsáveis das unidades de porte mais modesto.

Esses agrupamentos, como dissemos, apesar de suas divergências, constituem não somente um instrumento de organização profissional, como também servem de interlocutores permanentes frente aos poderes públicos, sobretudo dos sindicatos operários.

Com a formação da frente popular, surge um novo direito social coletivo. O ano de 1936 constitui um marco importante em direção ao progresso social, marcando claramente uma orientação nova em direção à regulamentação das relações coletivas de trabalho. É certo que, desde 1919, ao movimento sindical já vinha sendo reconhecido o direito de celebrar convenções coletivas de trabalho. Mas tudo isso ainda se situava no quadro do direito civil. A sua raiz, na prática, só se fixou mesmo a partir de 1936.

Assim, os acordos ditos de Matignon, concluídos entre a CGT e a CGPF (Confederação Geral do Proletariado Francês) sobre as instâncias do governo,

(20) Veja artigo completo no *site*: <http://www.pt.wikipedia.org/wiki/Frente_popular>.
(21) LYON-CAEN, G. Ob. cit., p. 14.
(22) TEYSSIÉ, B. Ob. cit., p. 8-10.

constituem um documento original, verdadeira carta negociada do novo direito que surgia, ou seja, o direito coletivo do trabalho.(23)

Nesse período, houve a eclosão de inúmeras greves. Os conflitos coletivos de trabalho conduziram, em 1936, a que se instituíssem como obrigatórias a conciliação e a arbitragem. Muitas sentenças arbitrais colocaram fim a conflitos graves. As portas de um novo direito estavam abertas no mundo capitalista para tensionar e para pacificar os conflitos sociais trabalhistas. Portanto, as decisões da corte superior de arbitragem vão elaborando um novo direito do trabalho, ou seja, o direito coletivo do trabalho.

Por seu lado, o legislador, em estatuto apropriado, aprova a conclusão e a extensão das convenções coletivas de trabalho. Surgem também tratados de paz e de forças sociais antagônicas, regulamentando as condições de trabalho e de salário e constituindo, assim, um fator essencial de progresso. Os delegados operários surgem nesse mesmo período.

Os empregados ou, de um modo geral, os trabalhadores veem reconhecidas diversas vantagens novas que transformam suas condições de vida, como, por exemplo, a semana de 40 horas, as demissões anuais pagas ou indenizadas. Tudo isso é fruto da unidade sindical reencontrada e de um movimento reivindicativo poderoso. Mas o fracasso da grande greve de novembro de 1938 conduz a uma defasagem entre as conquistas da frente popular e a situação internacional carregada de ameaças.(24)

Após o término da guerra, surge uma tendência de adaptar para a França as instituições emprestadas da Alemanha ou da Itália como, por exemplo, a Carta do Trabalho de 1994. Esse dado, aliado ao baixo nível de vida dos trabalhadores por causa da penúria e da taxação ou da tributação dos salários, faz com que o processo de libertação seja acompanhado por um novo impulso do direito do trabalho.

Assim, a Constituição de 1946 trata, em seu preâmbulo e pela primeira vez, ao lado das liberdades políticas, dos direitos sociais qualificados, "particularmente necessários ao nosso tempo". A partir daí, estão lançadas as bases de uma constituição econômica e social. Ela faz surgir um novo direito sindical, o direito de greve e o direito à securidade social.

Também, pela primeira vez, aparece a reforma das estruturas da empresa patronal. A criação legislativa limita-se a instituir nas empresas importantes comitês com atribuições limitadas. Há uma preocupação com a política de nacionalização, que reserva aos representantes dos trabalhadores um lugar na gestão das empresas nacionalizadas. Surge um serviço público reagru-

(23) LYON-CAEN, G. Ob. cit., p. 14.

(24) *Ibidem*, p. 15.

pando todos os antigos modos de garantia contra os riscos sociais, criado sob o nome de *securidade social*. Os trabalhadores que têm mais filhos recebem, nesse quadro, prestações ou ajudas para o sustento de suas famílias.

A partir daí, é fácil imaginar que logo, logo, o direito social se dividiria em dois grandes ramos: o *direito da securidade social* e o *direito do trabalho*.[25]

No entanto, não se pode esquecer de que os dois ramos estão estreitamente ligados porque, na maioria das vezes, as suas origens são comuns e a partir, sobretudo, do ambiente de trabalho é que surgem tanto as normas relativas ao direito individual e coletivo do trabalho, quanto as normas relativas ao que hoje se chama de previdência social. Assim, os dois ramos desse direito social têm muitos pontos em comum, e não se pode dizer que é fácil traçar a fronteira entre eles.

Em resumo, pode-se dizer que a securidade social é o serviço público cujas preocupações são de ordem financeira, tem suas fontes suficientes para cumprir a sua natureza fiscal e equilibrar as despesas, funcionando na ordem do direito público. O direito do trabalho, por seu lado, procura coordenar as relações coletivas e individuais privadas, principalmente entre empregadores e empregados.

Já no início da 4ª República, é aprovada a lei de 11 de fevereiro de 1950, sobre as convenções coletivas e os conflitos coletivos de trabalho, que se assemelha à legislação de 1936. Ela libera os salários bloqueados depois de 1939 e cria o salário mínimo interprofissional garantido (SMIG). Portanto, essa lei está na origem de um impulso importante para as conclusões das convenções coletivas de trabalho e dos acordos de salário. É de lamentar que os procedimentos de regulação dos conflitos coletivos, colocados por essa lei, revelem-se inadequados, como ficou demonstrado na prática.

Um Decreto de 5 de março de 1955 regulamenta um novo método de solução dos conflitos coletivos do trabalho.[26]

Após essa lei, o Estado se afasta muito dessa situação, omitindo-se e deixando que os agentes sociais façam negociações entre si. Não resta dúvida de que essa abstenção do Estado já é uma forma de neoliberalismo. Assim, são os atores sociais, empregadores e empregados, que criam, em 1958, o *regime de ajuda de custo* para aqueles trabalhadores que estavam desempregados.

Apesar de não ter uma política social de conjunto, mas querendo assegurar o pleno emprego, o Estado adota medidas detalhadas: alongamento das despedidas legais em 1956; instituição de uma jornada mínima para o

---

(25) O direito da securidade na França corresponde, mais ou menos, ao direito previdenciário brasileiro.
(26) JAVILLIER, J. C. Ob. cit., p. 23.

aviso prévio de despedida de 1958. Não resta dúvida de que o resultado é modesto.[27]

A unidade orgânica do movimento sindical, após a Segunda Guerra Mundial, parecia estar consolidada. A CGT se reconstitui na clandestinidade, participa da resistência, encontra-se reforçada na libertação. Agrupa, no seu seio, duas tendências: uma comunista majoritária e outra socialista minoritária. A unidade parecia preservada.

Porém, desde o ano de 1947, uma nova divisão se avizinha e tem duas causas complexas. As causas profundas são de ordem internacional. O ano de 1947 marca o início da Guerra Fria e divide o mundo em dois lados. Essa divisão passa ao interior da CGT francesa. A maioria da CGT é hostil à ajuda econômica americana acordada no quadro do Plano Marshall, que, no entanto, é aprovada pela minoria. As causas imediatas encontram-se nas greves bastante duras e graves do inverno de 1947, animadas por militantes frequentemente sectários e que indispunham uma fração dos sindicalizados. Uma tendência oposicionista constitui-se em torno do jornal *Força Operária*, deixando de lado a CGT e criando uma nova confederação, que é a força operária. O novo movimento apela e defende um sindicalismo livre, isto é, liberto da tutela dos partidos comunistas. Diz-se sindicalismo humanista por oposição ao sindicalismo cristão e marxista.[28]

Já na 5ª República, a doutrina gaullista, em matéria social, inspira-se na concepção dita da associação entre capital e trabalho, ou num nível mais elevado, de integração da classe operária à nação. Três pontos lhe são fundamentais:

> 1) a educação e a promoção operária são encorajadas pela democratização do ensino, pelo prolongamento da escolaridade, pelo desenvolvimento do ensino técnico, pela lei sobre informação profissional, pela promoção dos adultos;
>
> 2) a participação nos resultados da empresa faz, então, aparecer a remuneração dos quadros no contrato de trabalho. Antes, tal participação era facultativa pela lei de 7 de janeiro de 1959; depois, torna-se obrigatória pela lei de 17 de outubro de 1967. Essa política visava à constituição da participação dos trabalhadores da empresa em suas decisões ou na sua gestão. Mas com muitos resultados negativos, tal decisão foi adiada indefinidamente;
>
> 3) é dessa época que data a tomada de consciência de uma política de renda ou de lucro, ligando a matriz dos preços e dos salários à

---

(27) LYON-CAEN, G. Ob. cit., p. 16.

(28) *Ibidem*, p. 17.

política de emprego necessária para as transformações da técnica, o declínio econômico de certas regiões, a concentração das empresas. Daí que se criou, em 1963, o fundo nacional de emprego, destinado a facilitar as adaptações e os reajustamentos necessários com a ajuda do Estado. Em 1967, criou-se a agência nacional de emprego.

Durante certo período, prevalece a unidade de ação, que não se deve confundir com a unidade orgânica. Algumas federações, como a da educação, estão livres de qualquer divisão.

No entanto, uma nova divisão afetou a CFTC. Uma forte corrente torna-se majoritária ao pregar a eliminação de toda a referência confessional e tendente à radicalização das lutas. No congresso de novembro de 1964, uma modificação do estatuto, votada por uma importante maioria, levou à saída das minorias, que queriam a doutrina social-cristã. Daí surgem duas confederações: a Confederação Francesa Democrática do Trabalho (CFDT) e a Confederação Francesa dos Trabalhadores Cristãos (CFTC).

Além disso, o problema da unificação tornou-se mais complicado ainda pela aparição de um sindicalismo de categoria. Com efeito, surge outra central sindical, a 5ª central sindical: a CGC torna-se Confederação Francesa da Educação (CFE). O fenômeno é assim diferente: o movimento não resulta de divergências ideológicas, políticas ou táticas, mas da existência de interesses profissionais específicos, distintos daqueles da massa dos trabalhadores, suscitados pela aparição da nova categoria nos quadros da empresa: engenheiros e técnicos, empregados superiores ou médios, agentes de matriz, sobretudo, têm a necessidade de criar uma organização sindical nova para defender suas próprias reivindicações, como hierarquia das remunerações, regime das aposentadorias.

Com essas divisões e cisões, o sindicalismo tomou consciência do seu progressivo enfraquecimento. Os trabalhadores da base querem a unidade, não somente a unidade de ação, mas também a unidade orgânica. A CGT e a CFDT concluíram um pacto de unidade de ação, hoje rompido. Depois de alguns anos, as relações CFDT e CGT são mais conflitantes, com a primeira tentando se recentrar, isto é, tornar-se uma ação sindical apolítica.

O direito do trabalho francês, de inspiração funcionalmente individualista, não favorece a unidade sindical, porque privilegia o pluralismo e a igualdade de tratamento entre sindicatos, sobre a busca de uma igualdade entre o patronato e os sindicatos.

A partir de 1990, passou a existir uma espécie de aliança entre os sindicatos reformistas (CFDT e FO). Daí era excluída a CGT, mas o Plano Jupeau da reforma da securidade social modificou o cenário sindical: a CFDT tornou-se o interlocutor privilegiado junto ao governo e ao Conselho Nacional da

Política Francesa (CNPF), enquanto que a FO se aproximava da CGT. Assim, a unidade sindical tornava-se tão necessária que jamais ela poderia ter ficado tão distante dos fatos.

De toda forma, a unidade não significa uniformidade. As tendências existem no interior, mesmo, de cada uma das federações. Nos Estados Unidos, na Grã-Bretanha e na Alemanha, a experiência comprova que a liberdade sindical poderá ir de par com a unidade e que a diversidade interna permanece bastante grande.[29]

5. *A agitação social de maio de 1968 e suas consequências para o movimento sindical francês*

Uma insatisfação ardente explica parcialmente a grave agitação social de maio de 1968. Isso foi ampliado pela subestimação, bastante difundida na França, da importância do movimento sindical como fator de regulação dos problemas sociais e pela ausência de negociação permanente e obrigatória das condições de trabalho e de salário.

Além disso, um protesto de estudantes contribuiu decisivamente para os "acontecimentos" que sobrevieram em 1968. A "crise" culminou em maio e junho de 1968: ocupação das universidades e das fábricas, *slogans* nos muros, barricadas nas ruas.[30]

As negociações de Grenelle, que colocaram face a face o governo, o patronato e as confederações sindicais, terminaram pela redação de um processo verbal, mas não assinado. Seus principais pontos eram os seguintes: 1) majoração do salário mínimo interprofissional garantido; 2) supressão dos descontos de zona; 3) majoração mínima de 10% (dez por cento) das aposentadorias e dos salários, mas recusa da indexação desses aumentos sobre os preços; 4) engajamento para reduzir progressivamente a duração do trabalho; 5) promessa de uma negociação sobre o seguro de emprego; 6) revisão geral das convenções coletivas; 7) elaboração de um projeto de lei sobre o exercício do direito sindical na empresa; 8) recuperação e pagamento parcial dos dias de parada do trabalho.

A lei de 27 de dezembro de 1968 sobre o exercício do direito sindical na empresa é o fruto mais importante dos acontecimentos de maio daquele ano, bem como o acordo nacional, interprofissional, de fevereiro de 1969 sobre o seguro do emprego. Nos anos seguintes, a concertação com os sindicatos

(29) LYON-CAEN, G. Ob. cit., p. 19.
(30) JAVILLIER, J. C. Ob. cit.

permanece na ordem do dia. Os contratos de progresso são propostos no setor público. A política de mensualização visa à garantia da estabilidade dos recursos (acordos nacionais: 1970-1977; a lei de 19 de janeiro de 1978) e a formação profissional para melhor adaptar o emprego às normas de necessidades (acordo de julho de 1970, lei de 16 de julho de 1971). Assim, tanto a negociação como a lei visam à melhora das condições de trabalho. Por conseguinte, aquela agitação social de 1968 trouxe alguns resultados positivos para as relações coletivas de trabalho na França.

Capítulo 2

O Direito Sindical Francês no Período Contemporâneo

1. *O enfraquecimento do direito do trabalho*

Nos últimos 20 anos, o próprio direito do trabalho francês foi colocado em xeque. Quais os fatores que influenciaram essa situação? Como se deve responder a isso?

No primeiro plano dos fatores de enfraquecimento, é preciso mencionar, antes de tudo, a mundialização ou a globalização dos mercados ou da economia. A concorrência dos países ditos emergentes pressionavam no sentido do alinhamento dos custos e da produção. A abertura das fronteiras, no interior do mercado único europeu, opera no mesmo sentido. As teses liberais impulsionam no sentido da desregulamentação das normas trabalhistas, que consistem, a uma só vez, em fazer desaparecer todo o monopólio de qualquer acordo e deixar as mãos livres às empresas na gestão do seu pessoal, ou seja, na contratação e nas condições que bem convierem e lhes sejam favoráveis.

As chamadas reestruturações se multiplicaram arrastando falências, fechamento de empresas, despedida de empregados, enfim, desemprego quase geral. O deslocamento das regiões de produção é moeda corrente, a fim de aproveitar, entre outras vantagens, uma mão de obra pouco exigente. A mão de obra local é jogada ao desemprego. Com efeito, pode-se verificar que há uma nova divisão internacional do trabalho.[31]

O segundo fator a se considerar é aquela ideia de um direito do trabalho, protetor do assalariado, que se torna totalmente inapropriado e inadequado

(31) LYON-CAEN, G. Ob. cit., p. 20.

para as condições socioeconômicas do mundo globalizado. Acusa-se o direito do trabalho de aumentar os custos da produção, confundindo-o com as contribuições sociais que se acrescentam ao salário, porque dizem os empresários: "esse direito deturpa o mercado de trabalho pelos encargos e pelas pressões que ele faz pesar sobre as empresas, impedindo-as de contratar mais trabalhadores".

Os sindicatos contrários a essa ideia ou a esse liberalismo são altamente criticados pelos empresários. O que se verifica é que, segundo eles, o Direito do Trabalho estaria se opondo ao direito ao trabalho para retomar uma fórmula frequentemente utilizada. Para essa corrente liberal, o direito do trabalho deveria ser simplesmente instrumento da política do emprego. Por isso, ele quer menos regras e mais flexibilidade. Se os empregadores pudessem ditar todas as regras, o direito do trabalho ficaria num retrocesso aquém até mesmo dos outros ramos do direito civil privado, quando, por exemplo, em certos contratos cíveis, ou comerciais, o Estado protege o mais fraco ou o que tem menos condição de barganhar. Para os empresários, se a empresa é uma fonte de empregos, merece todos os favores da lei. Aos trabalhadores, apenas o mínimo para tentarem sobreviver.

Como terceiro fator, podemos perceber que, de 1975 a 1998, uma nova orientação se afigura, ou seja, novas normas que pretendem responder a essa nova situação. Verifica-se que, após 20 anos de crise, as respostas podem ser ordenadas em duas proposições: tentar reduzir o desemprego e dar o máximo de facilidades às empresas. Assim, o direito do trabalho retorna a sua matriz liberal originária.(32)

Entretanto, em 1984, as dificuldades econômicas, o crescimento do desemprego, as pressões dos empregadores contribuíram, sem dúvida, para um reexame da política social e das reformas no direito do trabalho. A questão da flexibilização das condições de trabalho está longe de ser resolvida. Os conflitos continuaram. As medidas específicas para jovens provocam confrontos políticos e sindicais.(33)

2. *As formas de redução do desemprego*

Para combater o desemprego, a legislação francesa utiliza-se de dois métodos: do lado do contrato, tentando multiplicar os contratos de trabalho que tenham ou comportem ajudas ou exonerações de contribuições sociais, ou associando-o a uma formação dada dentro da empresa. Há contratos propostos para jovens, em vista de sua inserção no mercado de trabalho, ou,

(32) LYON-CAEN, G. Ob. cit., p. 20.

(33) JAVILLIER, J. C. Ob. cit., p. 24, 55-56.

ainda, contrato para os desempregados, em vista de provocar o seu retorno a esse mesmo mercado. Pode ser verificada essa tendência entre os anos 1977 e 1997. Do lado da duração da jornada de trabalho e concernente aos assalariados que atualmente conseguiram emprego, é a ideia de tempo parcial, porque, acreditam os empresários, trabalhando menos, outros encontrarão trabalho. O trabalho é em tempo parcial para que mais e mais trabalhadores possam encontrar emprego, segundo essa teoria.[34]

Assim, a nova tendência se expressa por meio da legalização e da proliferação de recursos às sociedades de trabalho temporário, colocando trabalhadores interinos à disposição das empresas. É a descoberta do contrato por tempo determinado que se torna, então, sistemático. O emprego torna-se, assim, precário. A empresa só trabalha em função de suas estritas necessidades. Ela desloca ou descarta seus riscos, utilizando-se dos seus ex-assalariados, os quais se tornam "independentes" ou autônomos — mas ainda trabalhando para a empresa. É o fenômeno que se denomina externalização do emprego.

Algumas leis foram promulgadas nesse período, no sentido de multiplicar as hipóteses de trabalho juridicamente independentes ou em detrimento do trabalho subordinado — isso mesmo, como se houvesse a independência econômica do empregado. Como exemplo, a lei de 11 de fevereiro de 1994, chamada lei Madelin, que presumia a falta do contrato de trabalho em certas condições, ou seja, o trabalho a título independente tornava-se o princípio geral. Outra lei, no mesmo sentido e com inúmeras hipóteses de ajudas às empresas, foi a lei de 20 de dezembro de 1993, chamada de Giraud ou Quinquenal.

Assim, operou-se ou foi se operando uma modificação no contrato individual do trabalho, como se verificou a partir da lei de 20 de dezembro de 1993 e a revisão da convenção coletiva de trabalho, no próprio interesse das empresas, conforme se vê na lei de 31 de dezembro de 1992. Isso demonstra e testemunha também que o direito do trabalho é constituído por técnicas perfeitamente neutras e reversíveis, utilizáveis pelas empresas, tanto como pelos empregados assalariados. Que o direito do trabalho não é um obstáculo ao desenvolvimento econômico, nem em épocas passadas e nem agora ele se opõe ao progresso social. O que não pode é o polo fraco da relação empregatícia ficar totalmente desprotegido.

3. A crise do sindicalismo francês em face da globalização

Apesar de tudo isso, o movimento sindical não conseguiu resistir em face da globalização da economia e, consequentemente, da precarização do emprego.

(34) LYON-CAEN, G. Ob. cit., p. 21.

Antes de tudo, percebe-se, depois de vários anos, uma dessindicalização dos assalariados e um retrocesso da militância. Essa situação econômica é a causa principal, a qual influencia direta e indiretamente o comportamento dos assalariados, uma vez que, com o desemprego, o trabalhador não tem nenhuma motivação para continuar sendo sócio de sindicato, especialmente se o sindicato não tem um plano de luta para conseguir mais empregos.

Por um lado, a ação sindical é freada pelo receio de perder um emprego, que cada vez se torna mais raro e, por outro lado, pelo excesso de assalariados com estabilidade provisória, ou seja, protegidos por uma convenção coletiva, e os assalariados precários, o que torna indesejável a formulação de reivindicações comuns. Daí cria-se, até mesmo, um conflito e uma concorrência no seio do sindicalismo.

O número insuficiente de sócios para o sindicato tem um corolário: a pobreza dos sindicatos, principalmente em comparação com a riqueza dos sindicatos americanos e alemães. Existe na França um grande número de trabalhadores não organizados, ou seja, não sindicalizados. Existe também a proibição feita ao sindicato de empregar os meios de persuasão para fazer pressão sobre os trabalhadores a fim de se associarem; proibição também na convenção coletiva de reservar vantagens somente para os sindicalizados; proibição do desconto em folha de pagamento, da mensalidade sindical pelo empregador; e, também, há certo individualismo por parte dos trabalhadores.

Por outro lado, não existe qualquer estímulo para o trabalhador aderir ao sindicato, porque a ação dele é estendida para todos. O sindicalismo, com exceção daqueles sindicatos que têm um papel na profissão dos interessados, em que existem as tradições de ofício, não fornece nenhum serviço palpável aos sócios. Os sindicatos agrupam efetivos certos, mas, em todo o caso, são limitados ao número de assalariados. Os números oficiais, de um ponto de vista geral, não passam o percentual de 10% (dez por cento) na França. Os efetivos sindicais são bastante instáveis. Após as divisões, os sócios não retomam mais a sua sindicalização.

Alguns patrões se utilizaram desse vazio deixado pelos sindicatos. Sua estratégia social consiste em comunicar-se diretamente com o pessoal, utilizando o enquadramento e a superioridade, ou seja, o poder de mando. Tentam persuadir o pessoal da inutilidade dos delegados e dos sindicatos, uma vez que podem negociar diretamente.

Alguns estudiosos têm teorizado sobre esse declínio sindical, essa impotência relativa dos sindicatos. Ou seja, eles têm relegado a um retrocesso o movimento operário em geral, em benefício de outros movimentos sociais, como, por exemplo, o movimento dos ecologistas, dos regionalistas, das feministas etc. Outros têm pregado o advento de uma economia dualista ou dual: um primeiro setor constituído pelas empresas atuantes, que utilizam operários bastante qualificados e bem remunerados; estes, então, não são contestadores, mas sim, conciliadores com as empresas, em face de sua situação privilegiada.

O outro setor é composto por empresas, sejam empresas marginais, sejam empresas de simples utilidade coletiva, com assalariados trabalhando pouco e pouco remunerados, mas também pouco interessados pelo trabalho ou pela ação sindical. Por fim, alguns empresários pensam que a empresa não é mais contestada, e eles mesmos assumem as aspirações do seu pessoal. O essencial da atividade dos organismos sindicais consiste ou se restringe praticamente a participar da cogestão da securidade social e do regime das ajudas de custo aos desempregados. Ou, então, restringe-se a discutir esses problemas, na alta cúpula, com os poderes públicos.

Essa representatividade dos sindicatos, em assim agindo, é dificilmente mensurável. Podem falar em nome das mulheres, dos desempregados, dos empregados em situação precária, ou da base que vive à parte das organizações. Não se preocupam com a mobilização e com a organização das bases, dos trabalhadores. Entretanto, o governo e o patronato são frequentemente os primeiros a sofrer pela fragilidade dessas organizações e da sua invasão ou da sua infiltração por elementos mal controlados. Assim tem acontecido, por exemplo, por ocasião de algumas greves, em que certos elementos se fazem substituir ou substituem os dirigentes sindicais. No entanto, esses elementos não estão preparados para uma negociação à altura.

Nesse sentido, tem aparecido uma nova tendência junto a certos empregadores: asseguram respeito à liberdade sindical para criar meios e ações acrescidos aos sindicatos, a fim de ter um interlocutor responsável, ou de fazer aceitar por eles uma negociação com representantes eleitos.

A crise do sindicalismo é, sem dúvida, o efeito mais palpável do novo domínio da economia e da globalização econômica.

4. O sindicalismo francês em face da União Europeia

No próximo capítulo, trataremos da liberdade sindical no modelo francês. Teremos oportunidade, aqui, de lançar algumas questões sobre o sindicalismo francês em face da União Europeia.

Não resta dúvida de que foi a constituição da OIT — Organização Internacional do Trabalho — o centro do qual se irradiaram os princípios e as ideias da união e da internacionalização do direito do trabalho, especialmente o Direito Coletivo do Trabalho. Após o fim da Segunda Guerra Mundial, havia entre os países muita preocupação, não só pela sua reorganização interna, mas também pela paz e união internacionais. Daí surge a Declaração Universal dos Direitos do Homem, adotada pela assembleia geral das Nações Unidas, em 10 de dezembro de 1948. Foi essa convenção que serviu de inspiração à convenção europeia dos direitos do homem, assinada em Roma, em 4 de novembro de 1950, como também serviu de base para a convenção americana dos direitos do homem, assinada na Costa Rica em 22 de novembro de 1969, bem como para a carta africana dos direitos do homem e dos povos, de 28 de julho de 1981.

É oportuno ressaltar também a carta social europeia, assinada em Turim em 18 de outubro de 1961, que declarou os direitos econômicos, sociais e culturais que não constavam na convenção de 1950. Posteriormente, em 5 de maio de 1988, a carta social europeia foi completada por um protocolo adicional, que estabelece quatro novos direitos:

- o direito à igualdade de possibilidades e de tratamento em matéria de emprego e de profissão;
- o direito dos trabalhadores à informação e à consulta no seio das empresas;
- o direito dos trabalhadores de participarem da determinação e da melhoria das condições de trabalho e do ambiente de trabalho; e
- o direito das pessoas idosas a uma proteção social.

Para arrematar, em 1996, essa mesma carta social europeia ainda acrescentou novos direitos sociais: o direito à dignidade no trabalho, o direito à proteção contra a pobreza e a exclusão social e o direito à moradia.(35)

Nesse mesmo sentido, ainda podemos igualmente invocar o pacto relativo aos direitos econômicos, culturais e sociais de 1966, o pacto relativo aos direitos civis e políticos do mesmo ano ou a convenção das Nações Unidas sobre os direitos da criança de 1989. Embora esses documentos tratem de modo geral dos direitos civis e políticos, eles não deixam de ter uma relevância muito grande para as relações de trabalho.

Além disso, convém observar que a carta social, elaborada no quadro do Conselho da Europa, tem como objetivo abranger as relações de trabalho. O art. 5º da referida carta está redigido justamente no sentido de garantir ou de promover a liberdade para os trabalhadores e para os empregadores, de constituir suas organizações locais, nacionais ou internacionais, para a proteção dos seus interesses econômicos e sociais e de aderir às suas organizações.

Assim, como o direito coletivo e sindical da França já vinha nesse sentido, não houve muita dificuldade para a sua aceitação e complementação na prática

(35) COMPARATO, F. K. *A afirmação histórica dos direitos humanos*, p. 264-274.

trabalhista da França. Assim, o modelo sindical francês muito contribuiu para o ordenamento trabalhista no seio da União Europeia que, hoje, passa a ser espelho para o Mercosul.

Como consequência, os diversos países que compõem a União Europeia iniciaram todo um processo de discussão, mesmo em nível de cúpula, a respeito dos vários problemas enfrentados pelos trabalhadores e pelos empregadores, notadamente a questão do desemprego. Outro efeito positivo dessa carta e desse inter-relacionamento foi adotado pelo Parlamento europeu, em 6 de janeiro de 1994, por meio de uma resolução sobre a introdução de uma cláusula social no sistema internacional e multilateral do comércio.(36)

A França assinou essa resolução e, por isso, é importante que se ressaltem seus pontos essenciais que, em síntese, são os seguintes: é indispensável uma cláusula social visando à luta contra o trabalho infantil, o trabalho forçado e tendo por finalidade promover a liberdade sindical e de negociação coletiva, com base nas convenções da OIT; e também que a introdução dessa cláusula no comércio internacional não pode tornar-se um meio de reforçar o protecionismo para com os países em via de desenvolvimento, mas, ao contrário, que ela seja um fator de luta contra o subdesenvolvimento e as violações do direito do homem.

Portanto, o direito do trabalho e o direito sindical francês situam-se neste contexto da União Europeia e da comunidade internacional. Por isso, Guy Caire, professor da Universidade de Paris X — Nanterre, afirma que:

> o contexto econômico mundial atual confere ao direito sindical, aos direitos do homem, uma acuidade nova e, também, como novos instrumentos jurídicos, códigos de condutas de uma parte, cláusula social de outra parte, os quais podem permitir e garantir aos trabalhadores uma maior dignidade e lhes assegurar uma proteção bem maior.(37)

Por tudo isso, se os trabalhadores e os governantes querem se adaptar a esse universo em mutação formado pelo jogo das empresas globais, eles se encontram, uns e outros, confrontados diante de uma contradição maior, que os obriga a "pensar global", uma vez que, de um lado, estão as empresas multinacionais que lhes oferecem empregos, trabalho, mas, de outro lado, só dispõem de um poder local e não de um poder sindical internacional. Assim, para superar essa contradição maior é necessário buscar novas formas, novos caminhos que possam mudar essas vias possíveis de organização ao nível internacional das relações de trabalho.

---

(36) LYON-CAEN, G. Ob. cit., p. 22.

(37) CAIRE, G. Des normes internationales. In: *Mélanges en l'honneur de Jean-Maurice Verdier*, p. 259-306.

Nesse sentido, a França integrando a União Europeia, sem dúvida, é uma das nações vanguardeiras neste tipo de relação internacional do trabalho, particularmente tentando praticar as Convenções Internacionais do Trabalho estabelecidas pela OIT.

No entanto, em face do crescente desemprego e das imigrações de trabalhadores de outras nações, o povo francês não aprovou a Constituição europeia. É lógico que tal atitude provocará sérias consequências no movimento sindical, tanto em nível nacional quanto em nível internacional.

Por conseguinte, se outros países da União Europeia se recusam a aprovar a referida Constituição, o movimento sindical tenderá, naturalmente, a se enfraquecer no plano regional e internacional.

Esperamos que isso não aconteça. Certamente, existem lideranças políticas e sindicais que não se deixarão vencer por essas questões de certo nacionalismo retrógrado e conservador.

As grandes mobilizações e greves que surgiram nos anos 2006 e 2008 apontaram e, até certo ponto, conseguiram reerguer o movimento sindical francês, a exemplo do que se depreende pelo advento da lei de outubro de 2008.

Capítulo 3

A Liberdade Sindical no Direito Sindical Francês

1. *As fontes da liberdade sindical*

Antes de adentrarmos diretamente as fontes da liberdade sindical, vamos fazer algumas considerações sobre a essência e o conceito da própria liberdade sindical.

A liberdade sindical é, ao mesmo tempo, liberdade coletiva e liberdade individual. São essencialmente indissociáveis. A liberdade coletiva permite que todos aqueles que quiserem se reunir possam fazê-lo livremente. A liberdade individual permite que cada um seja livre para aderir ou não a uma das organizações criadas.

A liberdade sindical é também a liberdade de se retirar do sindicato, quando bem quiser. Dissolução e divisão fazem parte da vida dos agrupamentos, como resultado do esgotamento da ação ou das querelas ou brigas entre os atores sociais.(38)

Portanto, o direito sindical se organiza em torno desse princípio — liberdade sindical — que, sem dúvida, constitui a condição e o motor da ação sindical. Alimentado por leis nacionais e por normas internacionais, o direito sindical se estende também por meio de convenções e acordos coletivos de trabalho, especialmente no caso da França, a partir de ramos ou setores da indústria. Essas normas convencionais são válidas para aqueles que nem sequer pertencem aos quadros do sindicato.

O preâmbulo da Constituição francesa de 1946 já estabelecia expressamente que: "todo homem pode defender seus direitos e seus interesses pela

(38) TEYSSIÉ, B. Ob. cit., p. 15-16.

ação sindical e aderir ao sindicato de sua livre escolha". O art. L. 2141-4 do Código do Trabalho francês estabelece claramente:

> O exercício do direito sindical é reconhecido em todas as empresas com relação a todos os direitos e liberdades garantidas pela Constituição da República, em particular da liberdade individual do trabalho.
>
> Os sindicatos profissionais podem se organizar livremente em todas as empresas, conforme as proposições do presente título.

Por sua vez, o art. L. 2141-5 do referido Código prescreve a seguinte proibição:

> É proibido ao empregador levar em consideração associação a um sindicato ou o exercício de uma atividade sindical para tomar suas decisões em matéria notadamente de contratação, de conduta e de divisão de trabalho, de formação profissional, de promoção, de remuneração e de concessão de vantagens sociais, de medidas de disciplina e de ruptura de contrato de trabalho.[39]

Além dessas duas fontes constitucionais e legais a respeito da liberdade sindical, existem também as convenções coletivas nacionais, que são extensivas necessariamente a todos os integrantes daquele ramo ou setor da economia, segundo as disposições da lei de 11 de fevereiro de 1950, relativas ao livre exercício do direito sindical.

Ressalte-se o que pontifica o juslaboralista francês J. C. Javillier:

> A liberdade sindical condiciona mesmo outras liberdades e direitos fundamentais, tal como, o direito à negociação coletiva e, em parte, o direito à greve. Trata-se de certo modo de uma liberdade condição. Sem a liberdade sindical, não é exagero considerar que vários direitos dos assalariados, vários elementos do sistema de relações profissionais seriam somente normas de fachada, regras desprovidas de qualquer abrangência prática.[40]

É importante ressaltar o artigo que foi escrito, na revista LTr, pelo professor Renato Rua de Almeida sobre a "Visão histórica da liberdade sindical". Nesse artigo, Renato Rua procura demonstrar que a liberdade sindical não é apenas um direito de organização livre e democrática da associação sindical, mas também um direito da ação coletiva dos trabalhadores organizados.[41]

2. A liberdade individual e o direito individual

A liberdade sindical é, evidentemente, para qualquer pessoa, a faculdade de aderir a um sindicato e ao sindicato de sua escolha, segundo a própria

(39) *Code du travail*, p. 424.

(40) JAVILLIER, J. C. Ob. cit., p. 148.

(41) *Revista LTr* n. 70, p. 3-363-366, 2006.

norma do art. L. 2141-1 do Código do Trabalho francês, qualquer que seja o sexo, idade ou nacionalidade. Por outro lado, é também a faculdade de não aderir, enfim, a faculdade de se retirar ou de se afastar do sindicato ao qual aderiu na conformidade do art. L. 2141-3 do referido Código.

Verifica-se, então, que essa tríplice faculdade constitui, mais do que uma simples liberdade, um verdadeiro direito sindical. Essa faculdade permite a qualquer um sindicalizar-se sem nenhuma coação, sem nenhum constrangimento; é uma formulação puramente negativa para afirmar a plena liberdade de sindicalização; é garantir essa liberdade, proteger contra aqueles que seriam tentados a não respeitá-la, de evitar que seu exercício não acarrete consequências prejudiciais. Em resumo, tudo isso para assegurar a sua efetividade. Assim, a liberdade se transforma, então, e é essencialmente um direito subjetivo.

Além disso, existem os Tratados Internacionais ratificados pela França, especialmente aquele que é estabelecido pela Convenção n. 87 da OIT sobre a liberdade sindical. A Convenção n. 87 da OIT diz expressamente que: "os trabalhadores devem beneficiar-se de uma proteção adequada contra todos os atos de discriminação tendente a ofender a liberdade sindical em matéria de emprego".[42]

Ademais, a legislação contemporânea francesa, a Constituição, a lei de 27 de março de 1956, as Convenções Internacionais se esforçam precisamente para proteger e garantir essa liberdade sindical, levando em conta dois perigos que a ameaçam. O primeiro perigo vem do próprio empregador: o empregado pode hoje exigir do empregador que este respeite seu direito de aderir ao sindicato e de agir como militante sindical. O segundo perigo vem justamente do próprio membro sindical: a lei francesa, de espírito individualista, reconhece uma liberdade sindical negativa, como vimos acima: não ser sindicalizado. Esforça-se para proteger essa liberdade de aderir ou de não aderir contra todos os avanços do próprio agrupamento sindical, na busca de novos sócios, desejosos de reforçar o seu domínio ou a sua influência sobre os empregados ou assalariados.

3. A LIBERDADE SINDICAL EM FACE DO EMPREGADOR

A liberdade sindical sempre se arrisca a entrar em conflito com o poder de disciplina do chefe da empresa. No entanto, a lei proíbe qualquer forma de discriminação entre sindicalizados e não sindicalizados.

Assim, o empregador, por ocasião da contratação, não pode fazer qualquer tipo de discriminação com relação ao empregado que pertença ao

(42) SÜSSEKIND, A. *Convenções da OIT*, p. 406.

sindicato ou que exerça alguma atividade sindical. Tal procedimento, se houver, é um ato ilícito perante a lei e terá as punições devidas. Da mesma forma, o empregador não pode exigir que um trabalhador não se filie a nenhum sindicato ou deixe de fazer parte de um sindicato, na conformidade do que dispõem a lei de 27 de março de 1956 e a Convenção Internacional n. 98 da OIT. Inclusive, é uma das hipóteses em que a recusa de contratar constitui uma falta grave. A prática das "listas negras" é totalmente irregular, ilegal e punível segundo a lei. Os atos antissindicais, por parte do empregador, são completamente punidos na forma da lei.

O art. L. 2141-7 do Código do Trabalho francês confirma expressivamente o caráter ilícito de toda discriminação feita pelo patrão, por ocasião do contrato, entre os postulantes, em razão de sua filiação ou de sua ação sindical anterior.(43)

A corte de cassação francesa, há muito tempo, vem declarando abusiva a despedida fundada no motivo de participar de sindicato ou de alguma atividade sindical. O Código do Trabalho francês declara ilícita toda discriminação, seja sexual, seja racial, bem como também se for inspirada em opiniões políticas ou em atividades sindicais e, ainda, acrescenta: "toda disposição ou todo ato contrário é nulo de pleno direito". A despedida discriminatória é agora sancionada com a reintegração e não mais simplesmente pela indenização de perdas e danos.(44)

Essa proibição de discriminação se estende às atividades ou aos atos rotineiros do emprego. O empregador não pode discriminar ou desclassificar o empregado em hipótese alguma, nem mesmo em relação às suas funções ou ao seu posicionamento em face dos companheiros. Sem dúvida, sempre há a questão das provas. O empregado é que era obrigado a provar que estava sendo discriminado. Mas, recentemente, segundo a jurisprudência, o exercício de uma atividade sindical não deve fazer perder uma chance de promoção ou de remuneração suplementar de salário: o controle, então, da discriminação se alarga com a igualdade de tratamento; de um critério subjetivo, a vontade de discriminação, passa-se a um critério objetivo, o efeito que discrimina passa a ser ilicitude. Assim, o encargo da prova se encontra bastante aliviado em relação ao empregado, e um pouco mais difícil para o empregador.

Algumas convenções coletivas de trabalho colocaram uma cláusula referente ao procedimento especial para regular "os conflitos relativos ao direito sindical" diante de uma comissão paritária presidida pelo inspetor do trabalho.

---

(43) RIVERO, J.; SAVATIER, J. Ob. cit., p. 124.

(44) LYON-CAEN, G. Ob. cit., p. 534-535.

Como aludimos acima, a lei prevê sanções penais pelo prejuízo causado à liberdade sindical, sendo estas penas pronunciadas pelo "tribunal de polícia". No caso brasileiro, antes da EC n. 45, a justiça comum é que tinha essa competência. Além disso, em caso de reincidência, essas sanções penais serão aplicadas pelo tribunal correicional. Essas sanções se aplicam especialmente em caso de discriminação. Assim, se o empregador levar em consideração a filiação sindical para punir ou fazer represália ao empregado, o tribunal tomará uma decisão contra o empregador.[45]

As normas relativas à liberdade sindical são de ordem pública, consoante dispõe o art. L. 2141-8 do Código do Trabalho francês, que ainda acrescenta:

> Toda medida tomada pelo empregador contrariamente a estas disposições é considerada abusiva e dá causa a indenização por perdas e danos.

Além disso, existem as sanções penais contra os atos ilícitos do empregador, previstos no art. L. 2146-1, que criem qualquer entrave ou obstáculo em relação ao exercício do direito sindical.

Como se verifica, a liberdade sindical, no ordenamento jurídico francês, é totalmente acobertada, inclusive com sanções penais. Mas o direito de greve não prevê nenhuma sanção específica e seu dano ou prejuízo não poderá ser perseguido ou alcançado, a não ser na medida em que ele tomou a forma de uma pressão ilícita sobre os sindicatos. Para os funcionários e agentes públicos, os quais se beneficiam da liberdade sindical nas mesmas condições que os empregados do setor privado, qualquer punição diretamente motivada pela atividade sindical é considerada ilegal. No entanto, o princípio hierárquico não poderá ser colocado em causa ou em dúvida pelo sindicalismo.

O servidor militante sindical não deve desconhecer nem descumprir os deveres de sua função, sob pena de responsabilidade. E fora do serviço ou de suas funções, o funcionário poderá criticar os seus superiores? O conselho de Estado reconhece aos dirigentes sindicais o poder de criticar, no curso de um congresso sindical, por exemplo, certos atos de seus superiores hierárquicos, sem o que a liberdade sindical estaria vazia desse título. Mas essa liberdade está sob algumas condições: que os seus pronunciamentos ou as suas críticas sejam feitas com moderação nas expressões, e que se restrinjam à defesa dos interesses profissionais pregados pelo sindicato.[46]

4. A liberdade sindical em face do próprio agrupamento sindical

O individualismo liberal, que inspira as soluções do direito francês, devia conduzi-lo a proteger o indivíduo contra as tendências, as hegemonias do

(45) *Ibidem*, p. 536.

(46) LYON-CAEN, G. Ob. cit., p. 537.

grupo. É o que aconteceu e o que acontece. Tudo o que poderia aparecer da parte deste, como uma ameaça ou como uma coação em vista de incitar o trabalhador a se sindicalizar, vai de encontro à liberdade sindical. A lei de 27 de março de 1956 que, aliás, reforça os direitos do empregado contra o empregador, inspirou inicialmente uma vontade de lutar contra um certo imperialismo sindical, particularmente na indústria do livro, ou seja, nas gráficas. A liberdade de não aderir ou a liberdade de não ser sócio ou deixar de ser sócio é frequentemente litigiosa, seja porque uma cláusula dos estatutos aplica uma penalidade àquele que se afasta ou renuncia, seja porque lhe proíbe de exercer, em seguida, a sua atividade. Apesar de a lei proibir e a jurisprudência ser dominante nessa matéria, na prática sempre surgem conflitos entre sócios e não sócios, entre sindicatos e aqueles que renunciam à sua sindicalização.

Colocar na "lista negra", ou como dizem os franceses, *miser à l'index*, é uma medida tradicional de intimidação contra um empregador que contrata um trabalhador não sindicalizado ou que se recusa a aplicar uma convenção coletiva. Também pode ser uma medida contra um empregado que se recusou a ser sócio de um sindicato ou a aceitar a disciplina sindical. Esse procedimento deixou de ser um delito penal, mas a tendência dos tribunais é de considerar tal procedimento uma falta civil, que acarreta responsabilidade do agrupamento que tomou tal iniciativa, cada vez que isso importa ou que cause prejuízo à liberdade do trabalho ou à liberdade de não se sindicalizar, notadamente quando o empregador incita os trabalhadores para não descontentar o sindicato ou a despedir o trabalhador excluído do sindicato e colocado na "lista negra". Nesse mesmo sentido, isto vale para a greve feita para obrigar um patrão a despedir o empregado não sindicalizado. No entanto, os tribunais detêm ou impõem a responsabilidade civil de um empregador que despede o empregado recalcitrante à disciplina sindical.

Portanto, nem o Sindicato nem o empregador podem tomar qualquer medida contra aquele empregado que não quer ser sindicalizado. Ou seja, a liberdade de não se sindicalizar deve ser respeitada, sob pena da aplicação de indenização por prejuízo causado a essa mesma liberdade.

5. A livre constituição e o livre funcionamento dos sindicatos

Como já vimos anteriormente, a liberdade sindical francesa foi concebida pelo legislador de 1884 sobre o modelo de uma liberdade individual. Assim, a lei dispunha simplesmente que os sindicatos podem constituir-se livremente. A partir daí construiu-se toda uma doutrina para precisar as relações do movimento sindical e do Estado, fundada no princípio da autonomia e da independência sindical. Mais recentemente, esta doutrina conheceu alguns prolongamentos, na medida em que a liberdade sindical surgiu como devendo presidir também as relações da organização sindical e da empresa.

Portanto, desde aquela origem, os sindicatos podiam constituir-se livremente, sem autorização, sem formalismo e adquirindo pleno direito à personalidade moral ou jurídica. A redação e o depósito dos estatutos, as únicas exigências então havidas, não devem ser tomados como uma autorização administrativa, nem mesmo por uma declaração do Estado. Mesmo que o Estado não intervenha na constituição do Sindicato, ele deve se abster de toda ingerência no seu funcionamento. O Sindicato é um agrupamento privado, que se autodetermina. Os Estatutos constituem sua Lei. Os poderes públicos não podem se imiscuir na escolha dos seus dirigentes. Eles não podem dissolver o agrupamento por via administrativa.

Assim, do princípio fundamental da liberdade sindical decorre um certo número de corolários ou consequências:

a) Os sindicatos diferentes podem perfeitamente constituir-se no mesmo ramo ou na mesma empresa. Isso é o que se chama de pluralismo sindical.

b) A liberdade sindical não concerne somente aos sindicatos isolados, mas também às uniões ou federações de sindicatos. A livre constituição de Uniões ou de Federações é hoje estabelecida e ratificada nos arts. L. 2133-1, L. 2133-2 e L. 2133-3 do Código do Trabalho.

Para melhor conhecimento, transcrevemos na íntegra os dois artigos.

Art. L. 2133-1:

Os sindicatos profissionais regularmente constituídos podem unir-se para estudo e a defesa dos seus interesses materiais e morais.

Art. L. 2133-3:

As uniões de sindicatos gozam de todos os direitos conferidos aos sindicatos profissionais pelo presente título.[(47)]

Esse conjunto de regras pode resumir-se na afirmação de que o movimento sindical é autônomo em relação ao Estado, sob a única condição de respeitar as leis. No direito francês, o sindicalismo é, em princípio, politicamente e financeiramente independente do Estado.

No entanto, por outro lado, os sindicatos desempenham ou exercem um papel importante na administração da seguridade social e das caixas de

(47) *Code du travail*, p. 551-552.

desemprego, na gestão de inúmeras empresas nacionalizadas, na preparação do plano e no funcionamento do conselho econômico e social. Sem dúvida, essa institucionalização dos sindicatos constitui um risco para os mesmos. A independência, necessária à contestação, implica uma certa tomada de distância em relação às engrenagens do Estado.

Segundo Xerxes Gusmão:

> o poder público não pode extinguir uma organização sindical arbitrariamente, somente o Poder Judiciário, em casos restritivos, podendo pôr fim a ela. Destarte, além das dissoluções estatutárias e voluntárias, só pode ocorrer dissolução do sindicato nos casos de ilicitude das disposições estatutárias ou em decorrência de faltas cometidas pelos seus direitos ou administradores.(48)

Com relação à autonomia sindical, a jurisprudência administrativa afirma categoricamente o caráter privado do agrupamento sindical.(49)

Não obstante essa autonomia, os sindicatos recebem subvenções destinadas à formação notadamente dos conselheiros *Prud'Hommes* (conciliadores), fórmula tradicionalmente aceita. Os sindicatos frequentemente são consultados sobre a preparação de novas leis. A concertação, hoje tão procurada, não se realiza sem o risco de ver as confederações tomarem parte das decisões de ordem legislativa ou política. A cláusula de um acordo nacional interprofissional, segundo a qual a convenção será caduca se o legislador não adotar tal ou qual medida desejada, é certamente nula.(50)

6. *As relações entre os sindicatos e a empresa*

Existe, na França, o livre exercício do direito sindical na empresa. Nesta, a liberdade sindical não tem apenas um aspecto individual, mas suas violações podem comprometer, além dos militantes tomados individualmente, a representação sindical, tomada na impossibilidade de exercer o papel que lhe é reservado, papel este que se choca aí com um princípio antagonista, ou seja, o princípio da autoridade patronal, fundada sobre a propriedade.

Assim, para que o exercício do direito sindical na empresa ficasse assegurado, foi promulgada a lei de 27 de dezembro de 1968, hoje consolidada no art. L. 402-1 do Código do Trabalho francês. O exercício do direito sindical

---

(48) COSTA, T. M. *et al. Introdução ao direito francês*, 2009. p. 445.
(49) LYON-CAEN, G. p. 540, *in fine*.
(50) *Code du travail*, p. 748.

é reconhecido em todas as empresas. Os sindicatos profissionais podem organizar-se livremente em todas as empresas e não apenas exteriormente à empresa.

Esta liberdade coletiva nova tornou-se um direito garantido pela existência de uma incriminação penal. Pois, se o art. L. 412-1 estabelece que os sindicatos podem se organizar livremente em todas as empresas e o art. L. 412-2 reza que o chefe da empresa não pode utilizar nenhum meio de pressão sobre os sindicatos, o art. L. 481-2 e 3 estabelece a devida penalidade, qual seja "prisão de um ano e de uma multa de vinte e cinco mil francos ou de uma destas duas penas somente. Em caso de reincidência, a prisão poderá ser elevada a dois anos e multa de cinquenta mil francos".[51]

Sem essas medidas legais positivas, o empregador poderia criar, por iniciativa própria, um sindicato doméstico (= syndicat Maison), que, sem dúvida, seria totalmente dócil. No entanto, a Jurisprudência francesa sempre condenou essa prática.[52]

---

(51) *Idem.*

(52) RIVERO, J.; SAVATIER, J. Ob. cit., p. 125.

Capítulo 4

A Organização do Direito Sindical Francês

Na França, os sindicatos profissionais obedecem a um estatuto jurídico comum, que não é específico das organizações de empregados. Mas algumas prerrogativas específicas são atribuídas aos sindicatos de empregados, em função de sua representatividade. Sobre esses temas, discorreremos mais detalhadamente logo abaixo.

1. *Estatuto social*

Segundo o art. L. 2131-2 do Código do Trabalho francês, duas condições são exigidas para participar da fundação de um sindicato: o exercício de uma profissão e a similitude das profissões exercidas. Não existem condições restritivas de capacidade.

Assim, somente as pessoas que exercem uma profissão podem fundar um sindicato ou dele participar. Por exemplo, os proprietários de imóveis arrendados ou alugados, que geram o seu patrimônio sem exercer, de verdade, atividade profissional, não teriam seus direitos ou seus interesses defendidos por meio de um sindicato. Nessa situação, também se encontram os estudantes que, pela legislação atual, não podem fundar um sindicato específico.

Porém, há uma exceção, qual seja, as pessoas que contratam empregados sem fim lucrativo, por exemplo, empregadores domésticos, podem agrupar-se em sindicato para a defesa dos interesses que têm em comum, enquanto são empregadores desses assalariados. A constituição de um sindicato tem criado uma situação desejável para todos aqueles que, mesmo não tendo uma atividade profissional, possam ter a extensão das Convenções Coletivas, que a todos abrangem, naquele ramo específico.

O Código do Trabalho francês não exige estar em atividade profissional para poder sindicalizar-se. Assim, um desempregado e um aposentado podem continuar sendo membros do seu sindicato ou aderir ao sindicato de sua livre escolha.

Outrora, o direito sindical recusava a sindicalização dos funcionários públicos em nome de uma certa concepção de Estado. O funcionário ou o servidor, nessa concepção, não exercia uma profissão, mas um serviço do Estado que excluía toda possibilidade de reivindicação. O sindicato incitava a greve, os sindicatos de servidores se filiavam às centrais operárias, de caráter revolucionário, o que parecia contraditório com o serviço do Estado.

A lei de 1884 não falava de sindicatos de funcionários ou servidores públicos. A jurisprudência se pronunciava pela ilegalidade dos sindicatos de Servidores, os quais podiam ser dissolvidos em simples agrupamento de fato, sem personalidade jurídica, e não podiam defender qualquer causa na justiça.

No entanto, lentamente o fato se impõe sobre o direito. Finalmente, a lei de 19 de outubro de 1946, sobre o estatuto dos funcionários públicos, permitiu o direito de criar, sem limitação nem reserva, sindicatos que podiam filiar-se às Confederações existentes. Somente os militares não podem constituir sindicato. Segundo a lei de 13 de julho de 1972, eles são proibidos de criar sindicatos. No entanto, existem sindicatos na polícia e na magistratura, conforme um decreto de 28 de maio de 1982, a lei de 13 de julho de 1983 e a lei de 11 de janeiro de 1984. O direito sindical se estende aos demais agentes públicos.

Coloca-se agora uma questão: nas profissões que têm também uma ordem que as representa, como é que ficam o papel e o lugar do sindicato?

A resposta deve ser, em princípio, a seguinte: os sindicatos e a ordem convivem lado a lado. O que existe, porém, é a dificuldade em se ordenar ou saber exatamente a atribuição de cada um. Assim, em matéria de securidade social, são os sindicatos de médicos, por exemplo, que tratam com as caixas em relação às tarifas de honorários. Todavia, as questões odontológicas são da competência da ordem dos médicos. Essa coexistência se aplica às profissões de médico, de parteira, de farmacêutico, de veterinário, de contador, de arquiteto, de advogado etc. Segundo a jurisprudência francesa, a ordem dos advogados viola a liberdade sindical quando filia coletivamente seus membros a um sindicato de advogados.

Ressalte-se que os sindicatos chamados "mistos", agrupando patrões e empregados, mesmo não sendo explicitamente proibidos, são estranhos à tradição do direito sindical francês.

No direito sindical, como para certas sociedades, não se exige um número mínimo de sócios para a sua fundação. O sindicato pode existir entre duas pessoas. Além disso, não existe condição restritiva de capacidade. Assim, a mulher casada, mesmo sendo menor de idade, pode associar-se a um sindicato sem autorização do marido. Todo empregado, qualquer que seja o sexo, a idade, a nacionalidade, pode livremente aderir ao sindicato de sua livre escolha. Tanto as pessoas jurídicas como as pessoas físicas podem sindicalizar-se, e esta característica marcante trouxe sua importância para os sindicatos patronais, frequentemente compostos por sociedades, ou seja, por pessoas jurídicas.(53)

2. *Objetivos do sindicato*

Vejamos uma tradução livre do art. L. 2131-1 do Código do Trabalho francês: "Os sindicatos profissionais têm exclusivamente por objetivo o estudo e a defesa dos direitos bem como dos interesses materiais e morais, tanto coletivos quanto individuais, das pessoas abrangidas pelos seus estatutos".(54)

A redação antiga do referido artigo dizia expressamente que o sindicato tinha por objetivo o estudo e a defesa dos interesses econômicos, industriais, comerciais e agrícolas. Era chamado de "princípio da especialidade". Assim, o sindicato não podia ter por objetivo uma atividade qualquer. Ele existia em vista dos interesses profissionais. E isto valia tanto para os sindicatos de empregados como de empregadores e de trabalhadores independentes. Porém, esse princípio não estava fora de perigo. Ele foi utilizado até para fins de ingerência na atividade do sindicato, como, por exemplo, certas interferências políticas. Ele, inclusive, serviu de base para os fins da dissolução da CGT conforme decisão da justiça. A jurisprudência concluiu pela sua irregularidade em face de propaganda de conteúdo político.

A atual redação do art. L. 2131-1, advinda da lei Auroux de 28 de outubro de 1982, é extremamente ampla. A defesa dos direitos e dos interesses materiais e morais, coletivos e individuais das pessoas abrangidas por seus estatutos cobre praticamente a totalidade do campo social. O mesmo vale para as uniões de sindicatos ou das seções sindicais. A definição do sindicato exclusivamente para a defesa dos interesses profissionais está ultrapassada. São os seus estatutos que definirão soberanamente o campo da atividade do sindicato. Além disso, tirou diversas consequências apenas em matéria de folhetos e de cartazes sindicais ou de reuniões sindicais dentro das empresas.(55)

Apesar da amplitude acima descrita, certas atividades não podem ser assumidas como objetivos de um sindicato. Contudo, a regulamentação é, em diversos pontos, bastante flexível. Vejamos algumas:

---

(53) LYON-CAEN, G. *et al. Droit du travail*, p. 542-543.
(54) *Code du travail*, p. 415.
(55) *Idem*.

a) *Atividade comercial:* o exercício do comércio, ou seja, a realização de atos do comércio é proibido ao sindicato. Ele não pode, então, comprar para vender, realizar certos benefícios, distribuí-los a seus sócios. Porém, os sindicatos podem, por exemplo, uma vez autorizados por seus estatutos, comprar para emprestar, alugar ou dividir entre seus membros os instrumentos ou objetos necessários ao exercício de profissão (matérias-primas, utensílios, máquinas, sementes, plantas, animais etc.). Eles podem igualmente ser intermediários gratuitos para venda dos produtos provenientes do trabalho dos sindicalizados. Essa flexibilidade é destinada aos sindicatos, especialmente da produção agrícola (art. L. 2132-5 do Código do Trabalho francês).

A proibição de fazer comércio não impede os sindicatos de dispor de marca ou logotipo de que se tornem proprietários. A marca sindical é colocada, então, sobre todo o produto ou objeto para certificar a origem e as condições de fabricação.

b) *Atividade social:* a regra, segundo a qual o sindicato deve confinar-se à defesa dos interesses profissionais, está longe de ser rígida, o mesmo acontecendo com relação às atividades de ordem social. Assim, a lei o autoriza expressamente a criar certas instituições ou sociedades, ou pessoas jurídicas, para adquirir terrenos para lazer dos seus sindicalizados, criar serviços de colocação, obras profissionais, subvencionar cooperativas de produção e consumo. Ele pode igualmente constituir, entre os seus membros, caixa de socorro ou caixa de aposentados. O que é interessante notar, aí, é que os sindicatos, na França, praticamente não administram quase nada. Todas as atividades sociais ficam a cargo de uma gestão paritária de desempregados e aposentados. Isso não acontece em outros países, salvo melhor juízo.[56]

c) *Atividade política:* o sindicato, certamente, não poderá constituir-se para defender uma plataforma política. O sindicato profissional não pode perseguir objetivos essencialmente políticos. Ele não pode agir contrariamente às disposições do art. L. 122-45 e aos princípios da não discriminação.

Contudo, na tradição francesa, não existe proibição de um movimento sindical, se tal é o desejo dos seus sócios, em adotar tal ou qual resolução implicando uma tomada de posição política, especialmente quanto às conclusões e às deliberações de um congresso de todos os associados. Os sindicatos participaram da assembleia popular em 1936, do conselho nacional da

---

(56) LYON-CAEN, G. Ob. cit., p. 544.

resistência na assembleia consultiva de 1944 e 1945. Como se vê aqui, trata-se de uma posição política de sentido amplo, não apenas de atividade política partidária, mas de uma tomada de visão, de posição diante de toda uma conjuntura nacional.

3. *Formalidades para a constituição do sindicato*

As condições formais impostas aos fundadores de um sindicato são diferentes daquelas exigidas para as associações.

Os fundadores devem, em primeiro lugar, redigir os estatutos do sindicato, os quais serão levados à votação de uma assembleia geral. Esses estatutos indicam habitualmente o objetivo do sindicato, sua sede, o valor da cotização ou da mensalidade, o nome dos primeiros administradores e as condições de associação ou de adesão ao sindicato.

Esses estatutos devem ser depositados na administração municipal, com os nomes dos primeiros administradores. Essa formalidade de depósito é a única que a lei impõe. Ela deve ser renovada a cada mudança de direção ou dos estatutos, consoante o art. L. 2131-3 do Código do Trabalho. Não há nenhuma declaração, nenhuma autorização. O depósito é, sobretudo, uma medida de publicidade destinada a informar a terceiros da existência do sindicato.(57)

Para as uniões e federações, há duas condições suplementares. Além do depósito dos estatutos, as uniões devem conhecer o nome e a sede social dos sindicatos que as compõem: os estatutos devem determinar as regras segundo as quais os sindicatos aderentes são representados nas assembleias gerais e nos órgãos administrativos.

A inobservância dessas formalidades legais não acarreta, necessariamente, a nulidade da criação do sindicato. Se os estatutos não são depositados, o sindicato não existe como pessoa jurídica, mas ele é uma presença de associação não declarada, ou seja, sem personalidade: é um agrupamento de fato. Assim, só o depósito dos estatutos é que faz o sindicato adquirir sua personalidade jurídica. Sem isso, ele não pode demandar em juízo. No entanto, o sindicato não pode alegar a falta de personalidade jurídica para escapar a uma ação de responsabilidade civil. A ele é recusado o direito de constituir uma seção sindical. O delegado sindical que ele designar poderá ser despedido sem que a falta trabalhista seja constituída por parte do empregador.

A organização sindical interna é livremente decidida pelos estatutos. Ela é dominada por três orientações básicas: o sindicato é uma pessoa jurídica, comportando esse título e administrando certos órgãos; os sócios exercem

---

(57) LYON-CAEN, G. Ob. cit., p. 545.

certo controle sobre o sindicato (ideia de democracia sindical) e o sindicato, em sentido diverso, possui certa autoridade sobre os indivíduos que dele fazem parte (ideia da disciplina sindical).[58]

4. Personalidade do sindicato

O depósito dos estatutos faz o sindicato adquirir, de pleno direito, a personalidade jurídica ou *personalité morale*, como dizem os franceses (art. L. 2132-1). Tal foi o objetivo da lei de 1884.

Em diversos países estrangeiros, os sindicatos não têm personalidade jurídica e não procuram adquiri-la. Isso se explica pelo desejo ou pelo propósito de escapar às consequências de eventuais condenações por perdas e danos ou de penalidades legais, especialmente nos regimes autoritários.

O sindicato é titular de um patrimônio. Com as contribuições dos sócios, ele pode adquirir bens: o sindicato tem o direito de adquirir, sem autorização, a título gratuito ou a título oneroso, bens móveis ou imóveis, segundo estabelece o art. L. 2131-4 do Código do Trabalho francês. A esse respeito, a capacidade jurídica do sindicato é mais ampla que a das associações, as quais não podem, sem autorização, adquirir qualquer bem a título gratuito. Na França, contudo, uma tradição, feita de prudência e desprendimento, preleciona que o sindicato não seja rico.

Outra característica do regime do sindicato: impenhorabilidade, cuja lei garante os bens necessários ao seu funcionamento. Os imóveis e objetos — móveis necessários às reuniões, à biblioteca e à escola de instrução profissional — são impenhoráveis e inalienáveis. Pode-se até perguntar se essa enumeração é limitativa e se o sindicato pode, para acrescer seu crédito, renunciar a essa inalienabilidade. No entanto, a essa impenhorabilidade não poderá, em todo caso, subtrair o sindicato de sua responsabilidade civil, conforme a jurisprudência francesa determinou há muito tempo.[59] Outra consequência da personalidade jurídica do sindicato é que ele pode celebrar contratos ou convenções com outros sindicatos, sociedades ou empresas ou mesmo com o próprio pessoal empregado que eles contratam. A lei dá ao sindicato representativo um monopólio para a celebração de convenções coletivas de trabalho.

O sindicato, pessoa jurídica, pode figurar ativa ou passivamente em toda instância judiciária, não somente para a defesa dos seus próprios intere sses, mas ainda para a defesa dos interesses coletivos da profissão, faculdade essa que é negada a uma associação ordinária. Essa é a inteligência do art. L.

(58) *Code du travail*, p. 414-420.

(59) LYON-CAEN, G. Ob. cit., p. 547.

2132-3. O sindicato pode, também, em numerosas circunstâncias, representar na justiça os interesses individuais dos empregados. Os litígios entre sindicatos são ainda pouco estudados. Alguns são internos, opondo uma federação à confederação; outros são consequências de uma divisão. Os litígios mais numerosos referem-se à representatividade sindical ou a contestações dos resultados das eleições. Existem divergências, por exemplo, quanto à condução de uma greve, à volta ou não ao trabalho, à negociação de um acordo, divergências sobre a oportunidade de assiná-lo. Tudo isso provoca, muitas vezes, um afrontamento, mas, raramente, um litígio sério. A competência não é dos Prud'Hommes, ou seja, da "justiça do trabalho". Geralmente, essa competência é de um tribunal de instância superior, mas a qualidade para agir é, algumas vezes, delegada ao sindicato. Se o sindicato representativo é deixado de lado em uma negociação, a falta cometida justifica uma ação de reparação do sindicato excluído.

Como toda pessoa jurídica, o sindicato dispõe de órgãos que agem em seu nome. A responsabilidade do sindicato, engajada por seus órgãos, pode ser contratual (violação de uma convenção coletiva) ou delitual (greve abusiva). Os problemas que suscitam essa responsabilidade são aqueles que a responsabilidade de pessoas jurídicas, em geral, impõe a qualquer uma delas. Às vezes, a responsabilidade sindical, em matéria de greve, é uma questão especialmente delicada, pois, como sabemos, muitas vezes os empregadores suscitam ou levantam questões de abusividade simplesmente para enfraquecer ou desmoralizar uma greve.

Se o sindicato é responsável pelo procedimento dos seus órgãos, não é responsável pelos atos ou procedimentos dos seus associados, nem em matéria delitual, nem mesmo em matéria contratual. Assim, o sindicato não é responsável pela violação de uma convenção coletiva por um dos seus associados.

Segundo os princípios gerais da representação, se um sindicato incorre na responsabilidade por um dano, os sócios não podem ser responsabilizados e não podem ter o seu patrimônio envolvido. E isso também acontece com relação aos dirigentes sindicais que não podem ter o seu patrimônio afetado em decorrência de um dano provocado pela pessoa jurídica do sindicato. No entanto, se a falta foi cometida diretamente pelo próprio dirigente sindical, ou seja, a falta foi pessoal, então este mesmo dirigente sindical arcará com toda a responsabilidade, inclusive com seu próprio patrimônio.

A situação é diferente para os delegados sindicais, que não são órgãos do sindicato, como ocorre com os dirigentes sindicais, ou seja, os administradores do próprio sindicato.[60]

---

(60) LYON-CAEN, G. Ob. cit., p. 547-548.

5. O CONTROLE DOS ASSOCIADOS SOBRE O SINDICATO

O sindicato é uma sociedade democrática, cujo princípio eletivo é a lei da maioria. A soberania pertence à assembleia geral dos sindicalizados, a qual elege os dirigentes. Deve-se, no entanto, ao distinguir os dirigentes, assinalar o papel cada vez mais importante, gozando o desempenho dos empregados da organização sindical denominados "permanentes", os quais não dependem diretamente da assembleia geral dos sócios e nem são mandatários eleitos e nem são, necessariamente, membros do sindicato.

Esses "permanentes" são ex-empregados. Foram colocados fora da empresa por um longo período. Eles não são mais elegíveis como os delegados ou membros do comitê da empresa. Sua reintegração no posto de trabalho é frequentemente prevista pelos acordos coletivos. A sua entrada nas empresas, por exemplo, para exercer alguma atividade sindical, suscita às vezes oposição por parte dos empregadores; aliás, a jurisprudência francesa permite ao empregador opor-se à entrada desses "permanentes" para exercer qualquer atividade sindical dentro da empresa.

O sindicalizado tem o direito de participar da elaboração das decisões que balizam a vida sindical, sem que isso implique necessariamente ter de participar de todas as decisões. Os dirigentes, às vezes, tomam suas próprias decisões, tudo em obediência à fonte principal que são as decisões de base, e sem trair essas próprias bases.

Em matéria de convenções coletivas, os dirigentes assinam sozinhos e nenhuma ratificação é exigida dos sócios. Todavia, eles são sempre consultados por meio de assembleias e de reuniões.

Entretanto, sobretudo em matéria de greve e de harmonização dos pontos de vista, é indispensável a união entre os dirigentes e a base. Por exemplo, a greve desencadeada contra a opinião dos dirigentes sindicais gera cansaço, pois sem a intervenção destes não produz bons resultados. Existe uma tendência cada vez mais clara para se consultar a assembleia geral dos sindicalizados antes da deflagração de uma greve ou do retorno ao trabalho.

A democracia sindical conduz a considerar a assembleia geral dos sindicalizados como o órgão soberano do sindicato, como, aliás, já se viu acima e, de modo geral, se verifica no direito de outros países. Ela se opõe a toda forma de burocracia autoritária. O que resta saber é se a lei da maioria funcionará em todas as circunstâncias e se a minoria não deve ser protegida contra os possíveis abusos. Essa questão se põe no seio de qualquer agrupamento humano que siga as regras democráticas.

Por motivos de sabedoria e de oportunidade, e também a fim de evitar a divisão no seio da categoria, a maior parte dos sindicatos reserva sempre lugar ou cargo para os representantes das correntes minoritárias (daí advém a noção de tendências do movimento sindical).

Outra questão que, de vez em quando, se coloca é a que concerne às cláusulas dos estatutos sociais. Pergunta-se se a maioria simplesmente poderia modificar — se elas têm um caráter fundamental — as bases essenciais no contrato entre sócios. Existe uma tendência para uma maioria qualificada. Essa questão apareceu por ocasião das divisões sindicais francesas de 1947 a 1948, e depois de 1974.

A jurisprudência francesa, mesmo com algumas nuances, tem se pronunciado a favor dos direitos da maioria de poder modificar os estatutos e, por meio deles, a filiação do sindicato às várias ou à confederação ou federação de sua escolha.(61)

Não resta dúvida de que é um direito dos sindicalizados escolher livremente, em assembleia geral, os órgãos diretores do sindicato e os seus respectivos titulares.

O art. 2121-5 do Código do Trabalho francês estabelece o seguinte:

> Todo membro francês de um sindicato profissional encarregado da administração ou da direção desse sindicato, deve gozar de seus direitos cívicos e não ser objeto de nenhuma interdição, destituição ou incapacidade relativa de seus direitos cívicos. Sob as mesmas condições, todo estrangeiro, com 18 anos de idade completos, sócio de um sindicato, pode ter acesso às funções de administração ou de direção de um sindicato.

A lei de 11 de julho de 1975 eliminou a condição de nacionalidade francesa para poder participar da direção de sindicato. Não há também condição de tempo e de residência e nem exigência de um mínimo de administradores que sejam franceses.

Os estatutos determinam os controles financeiros que se exercem sobre os dirigentes. Geralmente, essa missão é confiada a uma comissão especial eleita pela assembleia geral. É de se notar que a pobreza dos sindicatos franceses os coloca ao abrigo de certos escândalos que conhecem os países onde o sindicalismo dispõe de grandes fortunas ou grandes e importantes fundos de reservas, como nos Estados Unidos e na Alemanha. As fontes, as receitas e as despesas dos sindicatos não são publicadas.

6. O controle do sindicato sobre os associados

Os estatutos do sindicato podem submeter o pretendente a sócio a certas condições, como, por exemplo, à aprovação para ser sócio. Essa recusa ou

---

(61) LYON-CAEN, G. Ob. cit., p. 549.

uma possível recusa de admissão oposta a uma demanda, em conformidade com os estatutos, parece escapar a toda censura por parte dos tribunais. É um aspecto do direito sindical que não trata de contrato ou de se contratar.

Assim, os sindicatos de quadros definem com precisão as categorias profissionais que podem, à exclusão de todas as outras, demandar a sua adesão. Deve-se, contudo, sublinhar que, na tradição francesa, a admissão no sindicato, a despeito de sua orientação própria, não é jamais subordinada às condições de ordem política ou confessional. A adesão se manifesta pela entrega de uma carta sindical.

No início, o sócio é ou fica sujeito a certas obrigações. A principal delas é o pagamento da contribuição sindical ou, em nossos termos, mensalidade sindical, pagamento que se efetua em troca da colocação de carimbos apostos ou colados sobre a carta sindical. Os estatutos fixam suas taxas e as modalidades de cumprimento ou de cobrança. Não resta dúvida de que esse procedimento é bastante primitivo.

Segundo a lei de 27 de abril de 1956, é proibido a todo empregador recolher as contribuições sindicais sobre os salários de seu pessoal e de pagá-los no lugar dele mesmo, se existe uma cláusula nesse sentido no Acordo Coletivo. O pagamento da contribuição concerne exclusivamente às relações internas do sócio e da organização sindical.

A recusa em pagar as contribuições ou de responder à carta sindical vale demissão ou exclusão dos quadros do sindicato. Essa retirada do quadro é de ordem pública e pode ser exercida a qualquer momento, não obstante qualquer cláusula em sentido contrário, mesmo estando nos estatutos. O sindicato pode somente reclamar as contribuições referentes aos seis meses que se seguem ao afastamento ou à retirada de adesão. E o sindicalizado demissionário conserva seus direitos adquiridos nas obras sociais dependentes do sindicato, tal como uma caixa de aposentadoria ou uma sociedade de socorros mútuos.

Assim, como toda organização, o sindicato exerce certa autoridade sobre os seus membros, dotado, pois, de um poder disciplinar. Os estatutos preveem, em geral, quais são os casos de faltas disciplinares e ainda quais as formas de procedimento, e como o sindicalizado poderá ser excluído do sindicato ou colocado no índex, quer dizer, punido com penalidades disciplinares.

Os tribunais poderão apreciar se o procedimento seguiu corretamente a lei e os estatutos, notadamente se os direitos da ampla defesa foram respeitados. Os tribunais ainda poderão verificar, igualmente, quanto ao mérito da pena disciplinar, se os fatos atribuídos ao sindicalizado correspondem à classificação e à sanção prevista na lei ou nos estatutos.

No entanto, é controvertido se os tribunais podem revisar uma sanção pronunciada conforme os estatutos, ou seja, apreciar o fundo da questão. Na verdade, a exclusão é bastante rara. O não pagamento das contribuições é considerado como equivalente à demissão ou a pedido de demissão do sindicato.

Na prática, a exclusão será pronunciada contra o sindicalizado que tomou posições contrárias àquelas da organização, como, por exemplo, recusa em se associar a uma tarefa de trabalho ou a uma manifestação decidida regularmente pelo sindicato.[(62)]

No entanto, o controle judiciário se exerce também mais facilmente. Assim, os tribunais têm decidido que uma colocação no índex ou uma punição não pode ser pronunciada a título de sanção disciplinar contra um não sindicalizado. A validade da cláusula proibindo uma dupla filiação sindical é controvertida.

Por outro lado, para a formação sindical dos sócios ou dos futuros militantes, existem grandes confederações de escolas, de centros de formação.

A própria lei francesa favorece esta formação econômica e social dos trabalhadores chamados a exercer as responsabilidades sindicais. O Estado pode subvencionar os centros, institutos ou organismos que dispensam esta educação.

Conforme o art. L. 2145-2 e seguintes do Código do Trabalho francês:

> "a formação dos empregados chamados a exercer responsabilidades sindicais, notadamente no seio de organismos de caráter econômico e social, pode ser assegurada: a) seja pelos centros especializados, diretamente ligados às organizações sindicais as mais representativas; b) seja pelos Institutos de Universidades ou de Faculdades."

Um empregador não pode opor-se à participação de seu empregado a um estágio de formação sindical, sob pena de sanções. A norma legal chega mesmo a estabelecer o número de dias que podem ser colocados à disposição dos empregados no decorrer do ano, para participar desses cursos de formação.

7. *Dissolução e divisão de um sindicato*

A lei distingue três formas de dissolução. A primeira é a "dissolução voluntária" — desde que a unanimidade dos sindicalizados decida pôr fim à associação; a segunda forma é a "dissolução estatutária" —, desde que o contrato tenha chegado ao seu termo ou, então, por uma condição resolutiva

---

(62) LYON-CAEN, G. Ob. cit., p. 550.

já prevista nos estatutos e, por fim, a terceira forma é a "dissolução judiciária" —, a título de sanção pela ilicitude dos estatutos. Ressalte-se que esta última só pode ser mediante ação exercida em diligência pelo Procurador da República.[63]

Os efeitos dessa dissolução podem ser observados no art. L. 2131-6 do Código do Trabalho francês:

> "em caso de dissolução voluntária estatutária ou pronunciada pela Justiça, os bens do Sindicato são devolvidos conforme seus Estatutos ou na falta de disposições estatutárias, seguindo as regras determinadas pela Assembleia Geral. Em qualquer caso, eles não podem ser repartidos entre os membros sócios."

Quanto à divisão do sindicato — alguns preferem chamar cisão ou separação —, não se deve confundi-la com a exclusão de um sindicato da confederação da qual o mesmo faz parte ou a sua demissão, geralmente prevista pelos estatutos das confederações. A cisão ou divisão, qual seja o fato de uma minoria ou de uma maioria, obriga a se pronunciar sobre a devolução dos bens e dos arquivos do sindicato.

Também não se deve confundir essa separação com uma demissão coletiva seguida da constituição de um sindicato rival. É preciso refletir sobre o caso, em que é uma maioria que, contra a vontade de uma minoria, quer levar o sindicato a aderir a uma nova confederação. Mas pode ou deve essa maioria demitir coletivamente a minoria? Essa questão deu lugar a uma controvérsia em 1947 e 1948.

Duas teses se confrontaram: na primeira, de acordo com a concepção contratual, os estatutos, ao menos em suas disposições fundamentais, não podem ser modificados a não ser por um acordo unânime. Ora, a filiação à CGT constituía uma disposição fundamental. Uma maioria não tem a capacidade necessária para decidir mudar a orientação e a filiação do sindicato. Ela permanece como pessoa moral com todos os seus bens. Então, o caminho que resta aberto aos divisionistas é a demissão coletiva, seguida da constituição de um novo sindicato, sem direito sobre os bens do sindicato mais antigo. A divisão, mesmo majoritária, desfaz-se pela retirada coletiva seguida da constituição de um sindicato rival.

A segunda é a tese institucional. Os estatutos podem ser revisados pela maioria, notadamente a mudança de filiação. O sindicato antigo subsiste e torna-se membro de uma nova federação. Os bens que ele possuía não deixam de lhe pertencer. Conforme ainda uma terceira análise, os bens do sindicato inicial seriam repartidos entre os dois sindicatos oriundos da divisão, proporcionalmente ao número de seus sócios.

---

(63) LYON-CAEN, G. Ob. cit., p. 552-553.

8. *Posicionamento da Corte de Cassação Francesa sobre a Divisão de um Sindicato*

A corte de cassação tem adotado soluções diferenciadas a respeito da questão, segundo as circunstâncias, quer se trate de sindicato ou união de sindicatos e, sobretudo, segundo os estatutos que são a lei das partes.

Em regra geral, a filiação tem sido considerada pela corte de cassação como não essencial ao objetivo do sindicalismo e, portanto, modificável pela maioria. Os bens do sindicato pertencem, então, àqueles que, sendo maioria, votaram por uma nova filiação e não poderiam, desde logo, ser reivindicados pela minoria que ficou fiel à CGT.

Entretanto, se os estatutos de uma união departamental, por exemplo, parecem fazer da filiação à CGT uma disposição fundamental do pacto, a corte de cassação exige um acordo unânime e os dissidentes, mesmo majoritários, não podem, em caso de desacordo, senão demitir-se sem poder pretender a nenhum direito sobre o patrimônio do sindicato.

Ressalte-se que a Corte de Paris, no dia 21 de junho de 1966, decidiu que a referência cristã, sendo uma qualidade substancial dos estatutos do sindicato, não poderia ser modificada a não ser pela unanimidade e que, por conseguinte, as resoluções votadas no congresso de novembro de 1964 estavam nulas de pleno direito. A divisão sindical coloca ainda outros problemas, especialmente quando se trata de atribuição das sedes devolvidas e da antiga Confederação nas caixas de securidade social.(64)

(64) *Code du Travail*, art. L. 2131-6, p. 416.

Capítulo 5

A Representatividade do Sindicato no Modelo Francês

1. *Critérios legais da representatividade sindical*

A representatividade sindical é um tema que interessa tanto aos trabalhadores quanto aos empregadores. No meio dos trabalhadores, sempre há muita divergência a respeito de qual sindicato será o mais representativo de toda a categoria ou de todos os integrantes da categoria. O modelo sindical francês também não foge a essa questão.

Assim, no modelo sindical francês, os grandes poderes reconhecidos aos sindicatos são condicionados por sua representatividade. Aliás, pode-se definir a representatividade como a competência reconhecida aos sindicatos para ser o porta-voz dos integrantes da categoria, ou seja, no caso concreto dos assalariados, dos empregados de um determinado setor da economia ou ramo industrial.

Por sinal, o Tratado de Versailles de 1919, na Organização Internacional do Trabalho (OIT), tratou do tema pela primeira vez e a fórmula empregada para participação dos sindicatos foi a da representatividade. Portanto, as questões levantadas a respeito da representatividade foram e são as seguintes: quais são os interesses vinculados ou ligados à representatividade? Quais são os critérios da representatividade? Qual é a interpretação da representatividade que importa diante ou perante a administração e diante dos tribunais?

Antes da lei de 20 de outubro de 2008, para a determinação da representatividade de um sindicato, ou de uma união de sindicatos, eram utilizados critérios efetivos: o número de sócios, independência, contribuições, experiência e antiguidade do sindicato, atitude patriótica durante a ocupação alemã. Esses critérios, por sinal, estavam enumerados no art. L. 133-2 do Código do Trabalho francês, recentemente modificados pela referida lei adiante comentada.

Alguns autores questionam se esses critérios são cumulativos ou não, se há uma hierarquia entre eles ou não. Na jurisprudência francesa, especialmente da corte de cassação, há decisões de que esses requisitos não são cumulativos, mas, dependendo de cada caso, eles podem ser todos exigidos, ou pelo menos alguns.

No entanto, como observa Bernard Theyssié, em seu livro *Droit du travail*, essa enumeração dos critérios não é tão rígida a ponto de exigir uma totalidade cumulativa para que a representatividade seja aceita. Em alguns casos, a Corte de Cassação francesa tem decidido que a falta de antiguidade ou a falta de experiência não pode, por si só, concluir pela não representatividade de um sindicato.

Isso é fácil de perceber: se é um sindicato relativamente novo, mas que representa realmente os seus associados, ele pode muito bem ser reconhecido pelos tribunais ou pelos representantes das empresas.(65)

Aos critérios legais, hoje em dia, no direito sindical francês, acrescenta-se mais um, que é a sua capacidade eleitoral ou o que eles chamam de "audiência eleitoral" ou, ainda, a influência exercida sobre a massa dos empregados, a qual se reflete nos resultados obtidos nas eleições sociais, notadamente, aquelas dos delegados e comitês de empresas, que são resultados publicados pelo Ministério do Trabalho. Assim, também aquelas eleições dos conselheiros Prud'Hommes ou dos administradores das caixas de securidade social.(66)

Na prática, com relação à representação dentro da empresa, os sindicatos representativos têm o monopólio da representação em primeiro turno dos candidatos às eleições dos comitês de empresa e dos delegados do pessoal. Eles designam um representante para o comitê de empresa. Eles podem constituir seções sindicais da empresa e designar delegados sindicais. Eles celebram com o empregador os acordos que interessam ao pessoal. Eles podem celebrar convenções coletivas de trabalho. Eles têm o monopólio da deflagração de greve nos serviços públicos.

Na profissão, os sindicatos representativos participam da negociação das convenções coletivas e podem demandar e reivindicar a sua extensão.

No plano nacional, esses sindicatos representativos designam os administradores em certos estabelecimentos nacionalizados e nas sociedades nacionalizadas submetidas às leis da democratização do setor público. Além disso, eles têm assento como tais na comissão superior da negociação coletiva, conforme preconiza o art. L. 136-1 do Código do Trabalho e do conselho econômico e social. Têm, ainda, assento nos organismos consultivos especializados, como o conselho superior da função pública.

---

(65) TEYSSIÉ, B. *Droit du travail*. 2. Relations Collectives de Travail, p. 31-32.

(66) LYON-CAEN, G. *et al*. Ob. cit., p. 556.2

As organizações representativas, e somente elas, são chamadas a se beneficiar das subvenções governamentais a título de formação sindical. Os sindicatos negociam acordos nacionais interprofissionais sobre desemprego e jornada de trabalho, por exemplo, e administram com o sindicato patronal respectivo a securidade social e as caixas de assistência social.

Enfim, na ordem internacional, estes sindicatos representam os trabalhadores na Organização Internacional do Trabalho (OIT) e também no comitê econômico e social da União Europeia.[67]

2. *Interpretação atual da representatividade sindical*

Antes de tudo, ressalte-se que, no modelo sindical francês, o qual respeita o pluralismo sindical, existe uma representação proporcional dos sindicatos nos organismos aos quais a representatividade dá acesso.

Agora, passemos a analisar como se deve interpretar atualmente a representatividade sindical no modelo francês. Anteriormente, essa interpretação era resultado de uma dupla jurisprudência do conselho de Estado e da corte de cassação. Duas concepções coexistiam na prática francesa: era representativo de direito o sindicato filiado a uma confederação representativa e o sindicato que fazia prova de sua importância na empresa ou no ramo em que atuava.

A representatividade do sindicato era apreciada por uma regra emanada da jurisprudência à luz do princípio da concordância. Esse princípio da concordância era aplicado entre o nível da apreciação da representatividade e a natureza da disposição que exigia esta mesma representatividade.

Assim, por exemplo, quando se tratava de saber se uma organização sindical pretendia ter assento no conselho de administração de uma caixa nacional de securidade social, em razão do caráter nacional e interprofissional desse regime, a representatividade do sindicato deveria ser apreciada no plano nacional e interprofissional. Portanto, se a federação de educação nacional era representativa apenas de um ramo de atividade, não tinha o direito de pretender esse assento no conselho de administração.[68]

Pode-se, ainda, citar o seguinte exemplo: para a conclusão de acordos nacionais interprofissionais, referentes a aposentadorias ou a desempregos, a apreciação da representatividade se faz, ainda, no nível nacional e interprofissional.

---

(67) LYON-CAEN, G. *et al*. Ob. cit., p. 556.
(68) *Ibidem*, p. 557.

Por conseguinte, dever-se-ia admitir que a representatividade nacional implicava uma presença suficientemente diversificada nos diferentes ramos de trabalho. Mas ainda há uma exceção. As diversas organizações do setor agrícola, apesar de este ser apenas um ramo de atividade, podem escolher um representante para participar em nível interprofissional ou em nível nacional das negociações das convenções coletivas de trabalho. Para a extensão de uma convenção coletiva, a representatividade se aprecia no nível do ramo de atividade.

A corte de cassação, por sua vez, tratando da lei sobre os comitês de empresa ou as seções sindicais, investiga ou observa os índices de representatividade em nível da empresa ou do estabelecimento (representação dos candidatos às eleições — delegados sindicais).

A representatividade poderia ser presumida e provada. O regime da prova, por muito tempo diversificado, foi unificado pelas leis Auroux. Os sindicatos filiados a uma central representativa se beneficiavam de uma presunção irrecusável. Os outros deveriam fazer a prova de sua representatividade no grau ou no nível requerido.

A presunção de representatividade não é susceptível de prova contrária. Ela decorre de pleno direito da filiação nacional, a uma confederação, mas não a uma simples confederação. E essa confederação deve ter uma importância geral nas empresas em que o sindicato filiado está implantado ou atua.

Assim, a jurisprudência entendia que a filiação a uma confederação nacional, sem que ela fosse representativa, não permitia a um sindicato de empresa reclamar essa filiação para designar um delegado sindical. A simples retirada de filiação operava retorno ao direito comum, ou seja, a exigência da prova da representatividade.

A representatividade ainda podia ser provada se um sindicato não tem filiação a uma grande confederação. E ao sindicato, cuja representatividade está contestada, incumbe apresentar essa prova. Segundo a jurisprudência, a prova da representatividade na empresa (uma sociedade petroleira) não implicava a representatividade num estabelecimento (uma refinaria).

Assim, a representatividade em outras empresas do mesmo ramo de indústria não implicava a representatividade em uma única empresa determinada ou precisa. A prova deveria ser trazida perante o juiz da instância.[69]

O tempo ou a data da apreciação sobre a representatividade de um sindicato é muito importante no modelo sindical francês. Assim, se uma organização sindical tiver sido reconhecida como suficientemente representativa para negociar e assinar uma convenção coletiva e em seguida estendida, ela

---

(69) LYON-CAEN, G. Ob. cit., p. 559.

não fica, por causa disso, com o direito de participar posteriormente da negociação de uma convenção modificando ou completando a convenção inicial.

A representatividade se aprecia na data em que a negociação intervém em comissão mista. Uma organização pode, assim, perder sua representatividade.

O empregador não poderia, a qualquer momento, contestar a representatividade de um sindicato, cabendo a este trazer à baila a prova da alegada não representatividade. Isso mesmo acontecia para as eleições do comitê de empresa ou a designação de um delegado sindical: a representatividade se aprecia na data do registro ou depósito das candidaturas ou na data da designação. Nem mesmo o fato de ter apresentado lista de candidatos para uma eleição anterior constitui um precedente suficiente.

Assim, ao julgar, o juiz se colocava diante de cada eleição para admitir se uma organização poderia ou não apresentar candidatos a essa mesma eleição. Ele não tirava do resultado dessas eleições a prova de que estaria havendo boa representatividade. Dados favoráveis ou desfavoráveis das eleições não poderiam estabelecer aptidão ou inaptidão de um sindicato para apresentar as listas.

A criação de um sindicato, justamente antes das eleições ou entre os dois turnos, tornava sua existência evidentemente suspeita. Alguns autores realçavam os critérios quantitativos e qualitativos de representatividade, não obstante reconhecer as suas falhas ou imprecisões.

Os critérios quantitativos de representatividade, ou seja, os sócios efetivos e as contribuições, são, para uns, essenciais para determinar a representatividade de um sindicato. Porém, como se disse, tanto um como o outro eram carregados de imprecisão.

Assim, incumbe à organização que se pretende representativa trazer a prova da importância do número de seus sócios. Se um sindicato não fornece os elementos de prova sobre os seus sócios efetivos, ele não pode mais requerer aos juízes que ordene uma medida de instrução para suprir a carência desse sindicato. Assim, tem decidido a corte de cassação.[70]

A importância dos efetivos de um sindicato deve, antes de tudo, ser apreciada por comparação com o número dos não sindicalizados e os efetivos reunidos pelas organizações rivais.

Além disso, a jurisprudência reconhece abundantemente que a influência de um sindicato não se mede apenas em cifras ou números. Assim, a corte de

(70) TEYSSIÉ, B. Ob. cit., p. 31-32.

cassação admite que "a fraqueza dos efetivos pode ser compensada por uma atividade e um dinamismo suficientes".(71)

Os critérios qualitativos de representatividade também são considerados, dependendo de cada caso. Entre os critérios qualitativos de representatividade existe um, cuja importância hoje se esvai, qual seja: a atitude patriótica durante a ocupação alemã. Os demais critérios, conforme vimos no art. L. 133-2 no Código do Trabalho francês, são a independência, a experiência e a antiguidade do sindicato.

Vejamos *per se*. O critério da independência do sindicato: a defesa, quaisquer que sejam os poderosos do dia, dos interesses materiais e morais das pessoas pertencentes ao seu campo de atuação.

Supõe-se que o sindicato seja independente em relação a todos: poderes públicos, partidos políticos, como também das organizações de empregados e de empregadores. Em princípio, cabe ao sindicato trazer a prova de que atende aos critérios de representatividade estabelecidos pelo legislador; portanto, a independência, visto que é inerente à atividade sindical, é presumida.

Aquele que acusa o sindicato da falta de independência deve provar a sua acusação. A demonstração pode apoiar-se num elemento ou conjunto de índices. Por exemplo: a presunção de independência pode ser destruída se todos os membros do sindicato pertencem ao serviço de chefe de pessoal, à recepção de subvenções patronais que representem o essencial ou até mesmo a totalidade dos recursos ou das fontes do grupo, a adoção de uma atitude sistematicamente hostil aos outros sindicatos e uma crítica permanente do recurso à greve.

A independência de um sindicato não será, em contrapartida, posta em dúvida pelo simples motivo de que ele criou uma iniciação de quadros investidos de alta responsabilidade na empresa: isso não implica a falta de independência dos interesses no exercício de sua atividade sindical. Assim, tem procedido nessa linha de equilíbrio a jurisprudência da corte de cassação.(72)

Como já visto anteriormente, os critérios de antiguidade e de experiência são os mais susceptíveis de serem atacados. São seguramente os critérios de representatividade em relação aos quais a jurisprudência tem sido muito mais flexível ou maleável, uma vez que não lhes tem dado tanta importância nos últimos tempos.

---

(71) *Ibidem*, p. 33.

(72) TEYSSIÉ, B. Ob. cit., p. 34.

Assim, uma criação bastante recente de um sindicato não pode só, por isso mesmo, excluir o reconhecimento de sua representatividade. Não pode, por isso mesmo, ser atacado o defeito de antiguidade ou de experiência. Portanto, a sua exclusão não pode ser feita de plano sem se comparar com os demais critérios.

A importância da atividade desenvolvida pelo novel sindicato pode suprir essa falta de experiência e de antiguidade. Observa-se, então, não tanto a experiência e a antiguidade do sindicato em si mesmo, mas a experiência dos seus dirigentes ou da união à qual esse sindicato aderiu. Assim, o julgamento é feito dentro de um contexto, dentro de uma visão global de todos os critérios.

O surgimento do sindicato de categoria complica evidentemente o julgamento da representatividade. No plano nacional e interprofissional, a união da Confederação Francesa de Educação e da Confederação Geral dos Trabalhadores tem sido reconhecida como representativa dos quadros.

O conselho do Estado não repele a apreciação da representatividade em um ramo em relação a uma categoria particular de assalariados, mas exige que os efetivos sindicalizados da categoria sejam suficientemente importantes.

A Confederação Geral Cristã (CGC) dos funcionários, a qual agrupa apenas uma pequena parte dos funcionários das categorias entre aqueles recrutados, não tem sido julgada representativa deles. O mesmo problema se coloca do lado dos empregadores.

A jurisprudência judiciária admite uma representatividade categorial, isto é, limitada a uma fração de assalariados de uma empresa ou de um ramo. Um sindicato de quadros poderá apresentar candidatos às eleições no Colégio dos Quadros, beneficiando-se de uma presunção de representatividade se for filiado à CFE-CGT.

Os sindicatos categoriais podem constituir-se em sessões sindicais e designar delegados sindicais, na conformidade da lei de 27 de dezembro de 1968. Mas pergunta-se: o sindicato categorial pode apresentar candidatos nos outros colégios? Para fazer isso, o sindicato tem de provar sua representatividade. Dois pontos de vista se sucedem na jurisprudência. Após ter rejeitado a justo o título essa pretensão e feito triunfar a tese da representatividade limitada a uma categoria (os agentes de chefia e os quadros), a corte de cassação a acolheu, incorrendo na crítica da maior parte dos autores juslaboralistas.[73]

A situação dos sindicatos de dirigentes filiados às grandes centrais operárias é diferente. Eles se beneficiam da presunção de representatividade,

(73) LYON-CAEN, G. Ob. cit., p. 560-561.

mas os tribunais lhes negam o direito de constituir sessões sindicais distintas e de designar delegados próprios.

No entanto, em contrapartida a essa jurisprudência, o art. L. 412-11 do Código do Trabalho francês estabelece que os sindicatos podem designar vários delegados por organização, sendo um a título de chefe e de dirigente (basta que a empresa tenha mais de 500 empregados; o sindicato poderá ter eleitos nos diferentes colégios).(74)

3. Reconhecimento oficial da representatividade sindical

A autoridade administrativa reconhece a representatividade sindical no nível nacional interprofissional, por meio de um ato que tem valor somente declarativo, sob o controle, pelo juízo, de excesso de poder (atualmente Decreto de 31.3.1966). Nenhum texto, porém, dá ao ministro compe-tência para atribuir, de modo geral, o caráter representativo a uma organização sindical no quadro de um ramo de atividade, *a fortiori* no quadro de uma empresa. Exemplo dessa hipótese foi a anulação de uma decisão do ministro dos transportes reconhecendo a representatividade de uma federação (CFT) dos meios de transporte.(75)

A autoridade administrativa apenas constata a representatividade no plano nacional, mas ela não dispõe de um poder discricionário. Desde antes da Segunda Guerra Mundial, o controle jurisdicional já se exercia.

No plano da empresa, o juízo de instância, o juízo das eleições, é que decide o contencioso da representatividade, aí compreendido o contencioso da designação dos delegados sindicais. Contudo, a corte de cassação jamais considerou que ele fosse soberano na matéria e que a questão fosse puramente de fato.

O respeito dos critérios legais constitui uma questão de direito submetida ao controle da corte de cassação. A qualquer momento, o juízo pode ser chamado a intervir. Normalmente, isso se verifica após as eleições e no quadro do contencioso da regularidade das operações eleitorais. Mas logo que uma organização, que se pretende representativa, apresenta uma lista e uma contestação se levanta sobre sua aptidão, tanto pelo empregador ou por uma outra organização, nada se opõe a que o juízo seja chamado imediatamente.

Em contrapartida, o empregador não pode contestar em termos gerais a representatividade de um sindicato sem invocar a prerrogativa sindical, cujo exercício se encontra suspenso na condição de representatividade.(76)

---

(74) *Ibidem*, p. 34-37.

(75) *Code du travail*, p. 561-562.

(76) LYON-CAEN, G. *et al.* Ob. cit., p. 565.

Sem dúvida, com o advento da nova lei de outubro de 2008, adiante comentada, muitas dessas questões serão resolvidas, mas outras continuarão.

Ora, comparando com o modelo sindical brasileiro, o modelo sindical francês, no que se refere à representatividade, é bem diferente do nosso. Como vimos, a representatividade possui critérios legais bem definidos, apesar de que, com o controle do Judiciário, alguns desses critérios vão ficando mais flexíveis ao longo do tempo.

O pluralismo sindical é respeitado e o direito de proporcionalidade é assegurado, contanto que cada sindicato comprove o seu enquadramento dentro dos critérios ou a sua prática sindical revele que realmente ele representa a sua categoria ou pelos menos representa o quadro dos seus sócios, dentro de um determinado ramo de atividade ou dentro de uma determinada empresa.

Assim, a representatividade e a legitimidade, no modelo sindical francês, estão estreitamente relacionadas e umbilicadas. Diferentemente do sistema brasileiro, em que a representatividade ou a representação depende apenas da lei, sem critérios para essa representatividade, porque o nosso modelo ainda não adota o pluralismo sindical, não obstante todas as aberrações que se encontram na prática sindical.

Por conseguinte, o direito sindical francês adota a Convenção n. 87 da OIT, enquanto que o nosso modelo sindical ainda se arrasta dentro da unicidade sindical. Existe, sim, no Brasil, uma pulverização de sindicatos sem muita representatividade e quase sem nenhuma legitimidade, na maioria dos casos.

Capítulo 6

A Lei de 20 de outubro de 2008 sobre a Democracia Social e a Representatividade Sindical

1. *Breve introdução*

Tudo que dissemos anteriormente foi e ainda é muito importante para o direito sindical francês. No entanto, sem prejuízo dessa análise supracitada, a lei de outubro de 2008, que trata da democracia social, da representatividade sindical e da jornada de trabalho, trouxe importantes mudanças.

Na verdade, antes da promulgação da referida lei, houve acirrados debates entre as entidades sindicais francesas, o que resultou numa posição comum em 9 de abril de 2008 referente à representatividade, ao desenvolvimento do diálogo social e ao financiamento do sindicalismo. Essa posição comum das entidades sindicais influenciou sobremaneira a dita lei de 20 de outubro de 2008.

Nesse sentido, ao final desse documento que foi entregue aos parlamentares franceses, as partes signatárias se comprometeram a se reunir:

a) todos os anos, para realizar um balanço global da posição comum;

b) de dois em dois anos, para realizar um balanço relativo às normas sobre os acordos coletivos, o desenvolvimento das negociações nas empresas e uma avaliação do impacto dessas normas no movimento sindical como um todo.

Agora, podemos então nos perguntar: que modificações a lei de outubro de 2008 acarretou para a representatividade sindical e para o sindicalismo como um todo?

Antes de tudo, vejamos, de modo geral, de que trata a lei de 20 de outubro de 2008.

O principal objetivo dessa lei não é apenas regulamentar o funcionamento e a atuação dos sindicatos. Com efeito, essa lei visa à concretização da renovação da democracia social por meio do diálogo e de normas trabalhistas extraídas do consenso ou da maioria dos interlocutores do mundo do trabalho.

A lei comporta duas partes: o primeiro título é dedicado às regras de representatividade das organizações sindicais e ao seu funcionamento, e o segundo título é consagrado à reforma do tempo de trabalho (jornada de trabalho).

Quanto à representatividade sindical, o texto retoma o essencial da "posição comum", assinada em 10 de abril de 2008 pelas entidades sindicais francesas.

Com efeito, o texto modifica os critérios de representatividade, os quais analisamos alhures, acrescentando "a audiência" de cada organização sindical medida pela base das eleições profissionais. Essa "audiência" se refere à quantidade de eleitores que o sindicato obtém nas empresas e no nível do ramo profissional.

Assim, o início da representatividade é fixado em 10% (dez por cento) dos votos nas empresas e 8% (oito por cento) no nível do ramo profissional.

No nível interprofissional, são reconhecidas como representativas as organizações que obtêm 8% (oito por cento) dos sufrágios em nível nacional, desde que elas também tenham sido reconhecidas nos ramos da indústria, da construção, dos serviços e do comércio.

As regras de validade dos acordos foram também modificadas. Um acordo será válido quando tiver sido assinado pelas organizações sindicais representando, pelo menos, 30% (trinta por cento) dos sufrágios e nem poderão ser aplicadas se houver oposição de outras organizações que obtiveram ao menos 50% (cinquenta por cento) dos sufrágios.

Foram estabelecidas também novas regras de transparência em relação às contas ou às finanças das entidades sindicais de empregados e de empregadores.

Na verdade, para compreender melhor a representatividade dos sindicatos franceses, é preciso analisar o próprio texto da reforma trazida pela Lei n. 2.008-789, de 20 de outubro de 2008.

2. Critérios de representatividade

De início, é importante frisar que os comentários que agora fazemos não dispensam, de forma alguma, o leitor de ler e analisar o texto integral da própria lei francesa. E dizemos isso porque entendemos que a nossa análise, por ser à primeira vista, ainda é superficial em face de tantas normas jurídicas apresentadas.

Portanto, a nossa pretensão é tão somente expor os principais temas sobre a representatividade sindical que foram modificados pela lei acima citada.

Os arts. 1º e 2º da Lei n. 208-789, de 20 de outubro de 2008, alteraram e modernizaram o art. L. 2121-1 do *Code du travail*, que estabelece os critérios da representatividade sindical. Agora, os critérios ditos cumulativos são os seguintes:

1) respeito aos valores republicanos;

2) independência;

3) transparência financeira;

4) antiguidade mínima de dois anos no campo profissional e geográfico, abrangendo o nível de negociação. Essa antiguidade se aprecia a contar da data do depósito legal dos estatutos;

5) audiência estabelecida segundo os níveis de negociação, conforme os arts. L. 2121-1, L. 2122-5, L. 2122-6 e L. 2128-9;

6) influência, prioritariamente caracterizada pela atividade e pela experiência;

7) efetivos de filiados e as contribuições.

Além disso, a entidade sindical para ser representativa, no nível da empresa ou do estabelecimento, precisa ter recebido ao menos 10% (dez por cento) dos sufrágios manifestados no primeiro turno das últimas eleições dos titulares para o comitê de empresa ou da delegação do pessoal ou, na sua falta, dos delegados do pessoal, qualquer que seja o número de votantes (art. L. 2122-1).

A representatividade sindical, no nível de todo ou parte do grupo, é decidida conforme as regras relativas à representatividade sindical de empresa (art. L. 2122-4).

Nos ramos profissionais, as entidades sindicais, além de preencher os critérios gerais, devem dispor de um espaço territorial equilibrado no ramo do seio respectivo. Elas também precisam ter recebido ao menos 8% (oito por cento) dos votos manifestados no primeiro turno das últimas eleições para os comitês de empresa ou da delegação única do pessoal ou, na sua falta, dos delegados do pessoal, qualquer que seja o número de votantes. Essa avaliação se realiza de quatro em quatro anos (art. L. 2122-5).

Ainda é interessante observar que, quando a representatividade sindical é estabelecida, as entidades sindicais elaboram a pauta dos temas que serão objeto da negociação coletiva, bem como as modalidades de sua organização perante as entidades dos empregadores (art. L. 2122-8).

A representatividade em nível nacional e interprofissional é assumida pelas entidades sindicais que, além de satisfazerem os critérios gerais, são representativas, ao mesmo tempo, dos ramos da indústria, da construção, do comércio e dos serviços.

Ainda se exige que elas tenham conseguido os 8% (oito por cento) dos sufrágios do primeiro turno das últimas eleições dos titulares para os comitês de empresa ou da delegação única do pessoal (art. L. 2122-9).

Uma confederação sindical na categoria interprofissional nacional é representativa com relação ao pessoal votante nos colégios eleitorais nos quais suas regras estatutárias lhe dão o direito de apresentar candidatos, nas seguintes condições:

1) satisfazer os critérios gerais;

2) ter recebido ao menos 8% (oito por cento) dos sufrágios manifestados no seio desses colégios eleitorais (art. L. 2122-10).

O ministro do trabalho é o responsável para fazer cumprir as exigências legais referentes à representatividade sindical, após o parecer do alto conselho do diálogo social.

O alto conselho do diálogo social compreende os representantes das entidades representativas dos empregadores em nível nacional e das entidades sindicais de empregados nacionais e interprofissionais, dos representantes do ministro do trabalho e de personalidades qualificadas. A sua organização, o seu funcionamento e as suas atribuições são estabelecidos por meio de um decreto do conselho de Estado (art. L. 2122-11).

Em relação às categorias profissionais, como jornalistas profissionais e assemelhados, a entidade sindical representativa é aquela que, além de preencher os critérios gerais, recebeu ao menos 10% (dez por cento) dos votos no primeiro turno das últimas eleições dos titulares para o comitê de empresa ou da delegação única do pessoal (art. L. 7111-7).

Quanto aos ramos que abrangem as atividades das empresas: imprensa, publicações cotidianas ou periódicas, agências de imprensa, bem como as atividades das empresas de comunicação ao público, por meio eletrônico ou de comunicação audiovisual, são representativas as entidades sindicais que preencham as condições gerais e específicas dos colégios eleitorais de jornalistas (art. L. 7111-8).

Os arts. 3º e 4º, por sua vez, tratam das eleições profissionais, cujas regras, por serem minuciosas e detalhistas, preferimos não comentar neste trabalho, remetendo o leitor diretamente ao texto legal.

A referida lei, no seu art. 5º, modifica o art. L. 2143-3 do Código do Trabalho e estabelece as regras para a designação do delegado sindical da seguinte forma: cada entidade sindical representativa na empresa ou no estabelecimento de cinquenta empregados ou mais, que constitui uma seção sindical, designa um ou vários delegados sindicais para representá-la junto ao empregador, conforme as condições anteriormente analisadas e os limites fixados no art. L. 2143-12.

O art. 6º da nova lei comentada deu nova redação ao art. 2142-1, o qual trata do representante da seção sindical.

Uma seção sindical pode ser criada numa empresa ou num estabelecimento para assegurar a representação dos interesses materiais e morais dos seus membros.

Nesse sentido, cada sindicato filiado a uma entidade sindical representativa em nível nacional e interprofissional pode constituir uma seção sindical, segundo as condições legais (art. L. 2131-1).

A entidade sindical pode designar um representante para representá-la junto à empresa ou ao estabelecimento.

Entretanto, para o funcionamento da seção sindical, foram estabelecidas regras precisas, desde as atribuições, mandato, tempo disponível, local etc. até material para expediente.

O art. 7º da lei completa o art. L. 2141-5 do Código do Trabalho quando define que um acordo deve determinar as condições para conciliar a vida profissional com a carreira sindical e quando leva em conta a experiência adquirida no exercício do mandato, pelos representantes do pessoal designados ou eleitos (conferir também os arts. L. 2242-20 e L. 6111-1).

3. *Validade dos acordos e as regras da negociação coletiva*

A validade de um acordo interprofissional, agora previsto no art. 8º da Lei de 20 de outubro de 2008, que modificou o art. L. 2232-2 do Código do Trabalho, está subordinada à sua assinatura por uma ou várias entidades sindicais, sob as condições previstas no art. L. 2231-8.

Tanto com relação à validade dos acordos quanto ao direito de oposição, foram ainda modificados os seguintes artigos do Código do Trabalho: L. 2232-1; L. 2232-6; L. 2232-7; L. 2232-12; L. 2232-13 ao L. 2232-15 (substituídos pelos arts. L. 2232-13 e L. 2232-14); L. 2232-34; L. 2261-10 e L. 2261-4 (acrescentado).

O art. L. 2261-4 traz certa novidade com relação à validade das convenções e acordos coletivos:

"A perda da qualidade da organização representativa de todas as entidades sindicais signatárias de uma convenção ou acordo coletivo não acarreta nenhuma nulidade para esta convenção ou este acordo coletivo."

O art. 9º da lei trouxe também modificações concernentes às modalidades de negociação nas empresas desprovidas de delegado sindical, abrangendo as seguintes questões:

a) celebração de acordos coletivos pelos representantes eleitos para os comitês de empresa ou pelos delegados do pessoal (modificados os arts. L. 2232-1; L. 2232-22 e L. 2332-23 do *Code du Travail*);

b) celebração de acordos coletivos por um ou vários empregados delegados (alteração dos arts. L. 2232-24; L. 2232-25; L. 2232-26; e L. 2232-27).

Observe-se, porém, que o acordo assinado por um empregado delegado deve ter sido aprovado pelos empregados por maioria de votos expressos, nas condições determinadas por decreto e respeitando-se os princípios gerais do direito eleitoral. Se faltar a devida aprovação, o acordo é considerado não escrito (art. L. 2232-7);

c) condições de negociação, de validade, de revisão e de denunciação de acordos celebrados nas empresas desprovidas de delegado sindical.

A negociação entre o empregador e os empregados eleitos ou delegados se desenvolve respeitando-se as seguintes regras do art. L. 2232-27-1 do Código do Trabalho:

1) independência dos negociadores em face do empregador;

2) elaboração conjunta do projeto do acordo pelos negociadores;

3) concerto com os empregados;

4) faculdade de consultar as organizações sindicais representativas do ramo.

Esses acordos coletivos celebrados não podem ser aplicados antes do seu depósito junto à autoridade administrativa (art. L. 2232-28).

Note-se também que os acordos celebrados, segundo as modalidades definidas acima, podem ser renovados, revisados ou denunciados, respectivamente, pelo empregador signatário, pelos representantes eleitos do pessoal ou por um empregado delegado para esse fim (art. L. 2233-90).

4. *Recursos e meios para o funcionamento dos sindicatos*

Esse tema foi profundamente reestruturado, de tal modo que mereceu um capítulo à parte sobre essa nova lei (capítulo VI), segundo o art. 10.

Assim, com a nova redação, os arts. L. 2135-1 até L. 2135-6 especificam detalhadamente como devem ser elaboradas, aprovadas, administradas e controladas as contas das entidades sindicais. É o que se chama de "certificação e publicidade das contas das organizações sindicais e profissionais".

5. *Liberação de dirigentes sindicais*

Um empregado pode ser colocado à disposição de uma organização sindical ou de uma associação de empregadores, sob certas condições.

Antes de tudo, é necessário que haja um acordo expresso, uma convenção coletiva ou um acordo coletivo de ramo extensivo ou um acordo de empresa que determine as condições nas quais se podem liberar empregados para organizações sindicais ou associações de empregadores.

As regras e condições dessa liberação encontram-se bem explicitadas nos arts. L. 2135-7, L. 2135-8, L. 2242-9-1 do *Code du travail* (agora com a nova redação).

6. *Disposições diversas e transitórias*

Uma das primeiras disposições transitórias é aquela que se refere à audiência no nível dos ramos profissionais e no nível nacional e interprofissional. Essa audiência deve ser realizada, no mais tardar, cinco anos após a publicação da lei de 2008 (art. 11, I e II).

No entanto, até que se realize a supracitada audiência, permanecem como representativos os sindicatos filiados às organizações sindicais de empregados representativos em nível nacional e interprofissional (art. 11, III).

Assim, em cada nível de organização sindical, presumem-se como representativas, para os efeitos legais, aquelas entidades sindicais que, antes da lei, eram reconhecidas como tais (art. 11, IV).

Note-se, porém, que, em relação à função pública, permanecem os critérios anteriores (art. L. 2121-1 do *Code du travail*), até que sejam aprovadas novas disposições legislativas sobre esse setor ou área específica (art. 11, IV).

No entanto, as novas regras de acordo de empresas já são aplicadas desde 1º de janeiro de 2009, respeitados os acordos anteriores (art. 12, II).

Quanto aos delegados sindicais regularmente designados na data da publicação da lei, eles conservam seu mandato e suas prerrogativas até o resultado das próximas eleições, consoante as normas estabelecidas (art. 13).

A negociação entre o empregador e os eleitos, ou os empregados da empresa, devem observar as seguintes regras:

1) independência dos negociadores em face do empregador;

2) elaboração conjunta do projeto de acordo pelos negociadores;

3) concerto com os empregados, ou seja, discussão e aprovação pela maioria dos empregados interessados;

4) faculdade de consultar as organizações representativas do ramo profissional.

Os prazos para o cumprimento de certas obrigações foram determinados a partir de janeiro de 2009 e as outras a partir de 2010, 2011 e, por fim, 2012 (art. 15).

Vale ainda ressaltar que, antes de 31 de dezembro de 2013, o governo deverá apresentar ao parlamento, após parecer da comissão nacional da negociação coletiva, um relatório completo sobre a aplicação dos artigos do Código do Trabalho, que foram alterados e/ou reformados pela Lei n. 2008-788 de 20 de outubro de 2008 (arts. 16 e 17).

7. *O TEMPO OU JORNADA DE TRABALHO*

O título II da referida lei trata explicitamente do tempo ou jornada de trabalho, o qual, por não ser tema específico dessa pesquisa, poderá ser examinado diretamente pelo leitor no texto original (arts. 18 a 27).

Entretanto, para finalizar esse capítulo de nossa pesquisa, citemos o final da lei ora comentada:

> a presente lei será executada como lei do Estado.
>
> Dada em Paris, 20 de outubro de 2008.
>
> Pelo presidente da República: NICOLAS SARKOZY.
>
> O primeiro Ministro FRANÇOIS FILLON.
>
> O Ministro do trabalho, das relações sociais, da família e da solidariedade, XAVIER BERTRAND.

Capítulo 7

A Ação dos Sindicatos no Modelo Sindical Francês

1. *Breve introdução*

Antes de tudo, uma breve introdução sobre a missão e os objetivos do sindicato.

O art. L. 2131-1 do Código do Trabalho francês diz expressamente que:

> "os sindicatos profissionais têm exclusivamente por objetivo o estudo e a defesa dos direitos, bem como dos interesses materiais e morais, tanto coletivos como individuais, das pessoas integradas através dos seus estatutos."

Esse objetivo geral ou essa missão do sindicato pode exercer-se a partir de vários ou diferentes caminhos, como demonstra a diversidade das experiências estrangeiras. O sindicalismo aí aparece ora sobre um "modelo anglo-saxônico", como uma força de defesa dos empregados na empresa, ora sobre o "modelo Rhénan", como uma força de cogestão do sistema social impondo sua parceria às organizações de empregadores. O modelo francês é ainda diferente: sua ação de defesa dos empregados tem necessidade, para se afirmar, de socorrer-se do Estado. Seu papel de gestão se exerce na periferia da relação de trabalho.

O sindicato é uma pessoa jurídica de direito privado, como vimos anteriormente. Em princípio, é controlado pelos sócios chamados em assembleia geral, órgão soberano, para fixar a política geral do agrupamento e eleger os seus dirigentes. O sindicato dispõe de um nome sobre o qual exerce um direito privativo, de um domicílio, que é sua sede social, e é investido, particularmente depois da entrada em vigor da lei de 12 de março de 1920, de uma ampla capacidade jurídica.(77)

---

(77) TEYSSIÉ, B. Ob. cit., p. 28.

Essa capacidade jurídica lhe permite agir na justiça representando os seus associados, mas, ao mesmo tempo, coloca-o, singularmente, sob a responsabilidade civil, delitual ou contratual, desde que o seu comportamento tenha prejudicado a outrem.

As consequências do seu bom comportamento ou mau comportamento são de natureza grave, tais como: não poder exercer o direito de greve ou mesmo não receber o pagamento de seu faturamento mensal.

Portanto, a missão primordial do sindicato consiste em superar e substituir, no plano coletivo, o enfraquecimento individual inerente à subordinação individual dos empregados. A lei intervém para facilitar o exercício dessa missão, dando um quadro jurídico à ação reivindicativa dos sindicatos e conferindo-lhe as possibilidades de ação na justiça exorbitantes do direito comum.

Assim, nesse amplo quadro, existem diversas modalidades de ações por parte do sindicato. Em havendo respeito dos direitos e liberdades garantidas pela Constituição, em particular da liberdade individual do trabalho, o exercício do direito sindical é reconhecido em todas as empresas, qualquer que seja o número de empregados habitualmente.

Os trabalhadores, nas empresas, podem empregar todos os meios para reivindicarem, especialmente por meio da negociação. Porém, não se houver acordo, podem deflagrar uma greve, mesmo se isso não constitui por si mesmo uma atividade sindical. Isso se desenvolve também sobre caminhos similares, no quadro mais amplo dos ramos profissionais.

A ação sindical entra, então, nos gabinetes ou nos planos governamentais, logo que o sindicato, que pode ser o conselheiro de todos, torna-se conselheiro oficial ou, simplesmente, um grupo de pressão desejoso de obter alguma nova norma coletiva. Também penetra nos pretórios ou na justiça, logo que o sindicato toma a atitude de pleitear. Como já vimos, o sindicato, como pessoa jurídica, pode ser acionado notadamente por aqueles a quem causou algum prejuízo. O sindicato pode, por iniciativa própria, agir para defender os seus próprios interesses, os interesses coletivos da profissão ou, até mesmo, os interesses individuais dos seus associados.[78]

O espírito do direito francês foi, durante muito tempo, no sentido de não considerar a ação sindical e, por via de consequência, de não reconhecer a existência dos direitos sindicais a não ser no quadro da profissão.

A época contemporânea viu desenhar-se um duplo movimento de extensão. De um lado, esses direitos se manifestaram num quadro interprofissional, de fato, da existência das grandes confederações, o que conduziu

(78) TEYSSIÉ, B. Ob. cit., p. 28-29.

para situar a ação sindical no quadro nacional e até internacional. De outra parte, eles tendem a desenvolver-se no quadro mais restrito da empresa a serviço do seu próprio pessoal.

As organizações sindicais representativas gozam de certos direitos ou atribuições, tais como: negociar os contratos coletivos de trabalho, que regulamentam as condições de trabalho e de salário na profissão ou na empresa. Elas gozam de um monopólio na representação dos trabalhadores.

A presunção de representatividade já é o bastante e uma só assinatura já é o suficiente. Essa representatividade chega ao ponto de as organizações representativas poderem até mesmo se opor à entrada em vigor de uma convenção derrogatória de outra da qual não foi signatária.

Contudo, interessante é que o direito de greve implica uma ação coletiva, porém esse direito não pertence ao sindicato, mas aos empregados. Nos serviços públicos, somente o sindicato recebeu monopólio para a deflagração das greves.

O papel do sindicato permanece, contudo, essencial em matéria de conflito. Frequentemente será o sindicato que apelará à greve, que a dirigirá, que formulará os objetivos, que negociará, que colocará um fim apelando para a volta ao trabalho. Alguns sindicatos, até mesmo, constituíram fundos de greve.(79)

Pergunta-se como é exercido o direito sindical na empresa. Até 1968, salvo acordo mais favorável, a ação sindical não poderia livremente se exercer, a não ser fora da empresa. A lei de 28 de dezembro de 1968 entendeu ao contrário: garantiu esse livre exercício autorizando a constituição de seções sindicais nas empresas, garantindo seu funcionamento por meio de coletas, de contribuições, informações do número de empregados etc., e instituiu delegados sindicais nas empresas com, pelo menos, cinquenta empregados.

À diferença dessas instituições eletivas, a representação sindical não encarna somente os interesses particulares do pessoal da empresa, mas integra estes últimos na defesa mais geral de todos os empregados representados pelo sindicato.

Essa concepção francesa de um sindicalismo chamado a transcender os particularismos da empresa explica várias disposições importantes do nosso direito das relações coletivas de trabalho, tais como o regime jurídico da seção sindical da empresa à qual a lei não reconhece a personalidade moral, ou ainda a atribuição primordial das organizações sindicais, no que concerne à conclusão ou celebração dos acordos coletivos nas empresas.

---

(79) *Ibidem*, p. 37-44.

A ação sindical também se faz sentir no plano internacional. Com efeito, a mobilidade internacional do capital e as possibilidades que lhe abrem de uma concorrência entre os trabalhadores de diferentes países transbordam o quadro nacional nos quais são organizados os sindicatos.

Além desses esforços, ainda insuficientes, desenvolvidos pelo próprio sindicato para promover novas formas de representação e de ação sindical, o direito comunitário dá essa missão à comissão europeia de facilitar o diálogo social no nível europeu, velando por uma defesa ou proteção equilibrada das partes, conforme estabelece o art. 118, *b*, do tratado de Roma e o art. 3-1 do acordo social de Maestricht.

2. *A ação sindical na justiça e em outras instâncias*

A ação sindical é um tema de direito sindical bastante concreto, mas que apresenta um interesse prático muito grande para os assalariados e as suas organizações. A prerrogativa sindical de assistir e de representar os seus associados diante de qualquer jurisdição, conforme o direito francês, é de suma importância para o sindicato ou para as diversas ações sindicais.

As origens dessa possibilidade para o sindicato francês defender os empregados na justiça, na medida em que ela é a tradução de uma solidariedade operária e profissional, remonta aos Conselhos dos Prud'Hommes, ou seja, no seu significado literal de "Conselho de Homens Prudentes". Ela participa da mesma inspiração de uma justiça mais próxima dos autores competentes para seu conhecimento ou que tenham um melhor conhecimento do meio social e econômico, nos quais nascem os litígios.[80]

No entanto, o sindicato só teve a sua existência jurídica reconhecida em 1884. A defesa sindical, inicialmente, tomou a forma da possibilidade para um jurisdicionado ser defendido por um empregado colega seu, pertencendo ao mesmo ramo de atividade. Essa atuação ainda se encontra prevista no Código do Trabalho francês, no art. L. 2132-3.

Apenas de relance, lembramos que a velha CLT ainda mantém esse tipo de representação: um colega de trabalho pode representar o reclamante quando ele não pode comparecer à audiência, a fim de se evitar o arquivamento da reclamação trabalhista.

Antes, os Conselhos de Prud'Hommes não admitiam a presença de advogados para representar as partes. Somente no ano de 1905, os advogados figuraram, pela primeira vez, na lista das pessoas habilitadas a defender as partes diante dos Conselhos de Prud'Hommes, ao lado dos operários exer-

(80) LYON-CAEN, G. p. 567-569.

cendo a mesma profissão. Foi a preocupação de assegurar um equilíbrio entre o empregado e o empregador, a respeito da qualidade da defesa, que levou o legislador a acrescer à lista dos modos de assistência de representação aquela figura ou "um delegado permanente ou não permanente das organizações sindicais".

Esse tipo de representação sindical foi ratificado pela Lei n. 49.265, de fevereiro de 1949. Posteriormente, essa possibilidade de representação foi instituída pelo art. L. 516-4 do Código do Trabalho. Desse modo, os empregados poderiam ser representados por dirigentes sindicais mais experientes e sem medo de represália por parte dos empregadores.

Sem dúvida, o referido acréscimo marca o começo de uma evolução em direção à existência de sindicalistas especializados, chamados comumente de "defensores sindicais". A isso se juntou posteriormente o art. 4º da Lei n. 71-1130, de 31 de dezembro de 1971, trazendo a reforma de certas profissões judiciárias e jurídicas, mostrando que um monopólio de assistência e de representação dos advogados não era obstáculo ao livre exercício das atividades das organizações sindicais regidas pelo Código do Trabalho ou de seus representantes, em matéria de representação e de assistência diante das jurisdições sociais e paritárias e dos organismos jurisdicionais ou disciplinares aos quais eles têm acesso.

Ressalte-se, porém, que a possibilidade de recorrer a profissionais qualificados pela especialização de sua atividade no seio dos organismos de defesa dos empregados é uma constante no direito processual francês, como, aliás, ocorre no direito processual do trabalho no nosso país.

Com efeito, essa prática é encontrada tanto nos tribunais, em matéria de securidade social, quanto nos tribunais paritários dos agricultores ou dos camponeses. Note-se, no entanto, que os empregadores sempre procuraram e ainda procuram diminuir essa possibilidade de profissionais qualificados participarem da defesa dos empregados diante dos tribunais.

Na realidade, existem numerosas decisões da jurisprudência francesa reconhecendo às uniões interprofissionais de sindicatos o direito de dispor de delegados permanentes ou não para assistir ou representar os empregados diante dos Prud'Hommes.

Essa intervenção e essa representação do sindicato, em diversos níveis, foram reforçadas pela lei de 12 de julho de 1990 e pelo acordo interprofissional de 24 de março também do mesmo ano, com reforço das modalidades de intervenção, tanto diante dos tribunais quanto das empresas. Essa lei de 12 de julho de 1990, complementada pela lei de 31 de dezembro de 1991, acentua a obrigação que o empregador tem de fornecer as informações necessárias ao comitê de empresa, consoante ao que estabelece o art. L. 432-4 do Código do Trabalho francês.

Assim, por exemplo, a lei impõe ou prevê que a obrigação de uma relação anual sobre a evolução do emprego e das qualificações deve ser fornecida por escrito ao sindicato. Essas informações devem referir-se àquelas previstas no art. L. 432-4 do referido Código do Trabalho. Praticamente, as informações se referem desde a situação financeira da empresa até mesmo à sua situação quanto ao número de empregados e empregadores, às novas contratações, à formação profissional etc.

O direito sindical francês reconhece ao sindicato o direito de ingressar na justiça representando ou substituindo os seus sócios ou integrantes da sua categoria. O sindicato, então, pode apresentar-se como substituto processual ou na qualidade de parte civil, diante dos Conselhos de Prud'Hommes e diante das outras jurisdições civis.

O art. L. 2132-3 diz textualmente que: "Eles têm o direito de demandar em juízo. Eles podem, diante de todas as jurisdições, exercer todos os direitos reservados à parte civil, relativamente aos fatos, que importam um prejuízo direto ou indireto ao interesse coletivo da profissão que representam".

Ainda, só para ilustrar, as organizações sindicais representativas podem exercer na justiça todas as ações em favor de um empregado sem ter de justificar por meio de um mandado do próprio interessado. Porém, o empregado tem de ser informado e deve fornecer a informação sobre o caso.[(81)]

Além disso, o empregado ainda pode opor-se a essa representação no prazo de 15 dias, a contar da notificação da intenção do sindicato. Pode, também, a qualquer momento, intervir na instância suscitada pelo sindicato e, eventualmente, pôr um termo à lide.

Entretanto, verifica-se que as organizações sindicais pouco se têm utilizado desse procedimento, preferindo, na maioria das vezes, a negociação direta com os empregadores ou, então, deixar que o próprio empregado ajuíze a respectiva ação.[(82)]

Acrescente-se, também, que a França parece ser o único país onde os sindicatos, por um viés de uma Constituição no aspecto civil, podem desencadear ou acionar as ações penais.

Portanto, a ação sindical é cada vez mais exercida pelos sindicatos de empregados contra os empregadores, em vista de exigir o respeito a uma legislação do trabalho, penalmente sancionada e, particularmente, sob forma de intervenção, diante do Conselho dos Prud'Hommes.

---

(81) SARAMITO, F. *Droit syndical et droits à l'homme à l'aube du XXIe siècle*, p. 144.

(82) *Ibidem*, p. 144.

Por oportuno, citemos alguns tipos de ações estipuladas no Código do Trabalho francês: ação contratual própria do sindicato, art. L. 135-5; ação exercida em nome do empregado ao qual o sindicato substitui, art. L. 135-4; e ação sindical de defesa dos interesses coletivos, art. L. 411-11, exercida a título principal ou sob forma de intervenção.

Pode-se dizer que o interesse coletivo da profissão disfarça com frequência o interesse geral puro e simples, que as autoridades públicas e, particularmente, o Ministério Público têm a obrigação de defender. A tendência da jurisprudência é de permitir ao sindicato velar a respeito da legislação do trabalho — "repouso semanal, higiene e segurança do trabalho etc." —, podendo ou desencadeando uma ação pública em concorrência com o Ministério Público ou *Parquet*.

Esse tipo de ação é também aberto ao sindicato de empregadores, na medida em que a violação dessa legislação rompe a igualdade entre as empresas. Com efeito, o respeito ao direito do trabalho participa da obrigação de lealdade em matéria de concorrência.

Portanto, é uma originalidade do direito francês permitir ao sindicato velar pelo respeito à lei e de incitá-lo a provocar os tribunais. Como as disposições do Código do Trabalho são penalmente sancionadas, o sindicato torna-se, ao lado da inspeção do trabalho, o agente essencial do respeito à legalidade.

Por isso, algumas vezes ele é censurado de privilegiar a via penal. O respeito do direito do trabalho não é a única questão em que o interesse geral e o interesse da profissão podem encontrar-se igualmente em jogo. A observação das condições legais colocadas na privatização das empresas públicas interessa ou importa também ao interesse coletivo dos empregados da profissão e, então, o sindicato é chamado para agir como líder da respectiva questão.

O ato prejudicial a alguns empregados, tomado individualmente, dá direito à ação da pessoa prejudicada, não à ação sindical. No entanto, essa delimitação ou a delimitação das duas ações é bastante difícil. Reserva-se a ação à pessoa prejudicada.

Assim, o sindicato de escritores foi julgado ilegítimo para intervir em um processo intentado por uma pessoa que se lastimava de ter sido descrita de forma desagradável em um livro. O sindicato de funcionários não foi admitido a exercer a ação sindical no caso de injúria ou difamação no qual a vítima era um funcionário.

Como a ação sindical deve ser delimitada em relação à ação pública, assim também ela deve ser cuidadosamente diferenciada da ação individual. Cada vez que o interesse individual é apenas ferido, os tribunais declaram o sindicato ilegítimo para agir. Contudo, os tribunais têm considerado que em um acidente de trabalho, por causa do desconhecimento da regulamentação dessa securidade em vigor, justificava-se a constituição da parte civil do sindicato e não apenas uma queixa ou reclamação da vítima. Por fim, o sindicato pode intervir na ação proposta por um trabalhador se o interesse coletivo da profissão é concernente ou está implicado em sua demanda.

Além disso, em caso de violação da lei sobre as sociedades (abuso de bens sociais), alguns sindicatos e alguns comitês de empresa procuraram constituir-se como parte civil, pois irregularidade de gestão ou de administração fere o conjunto dos trabalhadores pelas ameaças que fazem pesar sobre o emprego. Se alguns juízes admitem, a câmara criminal é até aqui reticente, pois que, para ela, o delito prejudica tão somente a sociedade e os seus acionistas, não os empregados. Tal posicionamento é bastante questionado pelos doutrinadores.

Na verdade, a acentuação por demais na postura reivindicativa do sindicalismo francês conduz frequentemente a subestimar as importantes responsabilidades que lhe são conferidas na gestão de certo número de organizações. Eles participam do setor público na gestão das empresas nacionalizadas e, numa fraca medida, naquelas de algumas empresas privadas. Possuem igualmente funções consultivas dos sindicatos que têm sede no conselho econômico e social, na comissão superior da negociação coletiva e em inúmeros outros organismos de menos importância.

Os sindicatos deixaram de ser exteriores ao sistema: eles têm um pé fora e um pé dentro do "sistema"; daí que, por vezes, se deixam entrar em contradições, não que não se podem ver sem contradições. A forma mais perfeita desse sindicalismo gestor ou gestionário é o paritarismo, forma francesa da cogestão, que se desenvolve nas instituições sociais exteriores à empresa.

A participação do sindicato na gestão dos organismos de securidade social é outro aspecto muito importante, sem a consideração do qual não se compreendem as particularidades do sindicalismo da França.[83]

Quanto ao paritarismo, a forma mais antiga se encontra na organização eletiva e paritária da jurisdição Prud'Homale. Apesar da ausência de monopólio de apresentação dos candidatos às eleições Prud'Homales, a quase totalidade dos conselheiros Prud'Hommes empregados é apresentada e formada pelos sindicatos.

O paritarismo preside da mesma forma a organização do sistema francês do seguro-desemprego. Esse sistema, juridicamente independente da

(83) *Code du travail*, art. 2132-3, p. 417.

securidade social, repousa sobre uma base convencional, o que conduz os sindicatos a negociar periodicamente a revisão das regras aplicáveis às prestações e às contribuições. Ao tipo de paritarismo também se aplica a administração do sistema de financiamento da formação profissional contínua. Mais recentemente, a lei reorganizou essa administração em torno de organismos paritários coletores concedidos, os quais asseguram a coleta e a redistribuição das contribuições das empresas.

Enfim, o paritarismo é a regra nas instituições de proteção social complementar, que têm o monopólio da gestão das aposentadorias complementares obrigatórias. As operações da previdência coletiva não fazem parte do objeto de tal monopólio, mas podem ser confiadas aos organismos paritários, denominados L4.[84]

O sindicato representativo participa com as organizações patronais da administração dos organismos de securidade social. Essa participação foi outrora eletiva e majoritária até a reforma de 1967, a qual impunha o paritarismo e a designação dos administradores pelo sindicato. Com o abandono do paritarismo e o retorno à eleição decidida em 1981, tendo sido um prejuízo, uma nova reforma foi anunciada no fim de 1995, prevendo uma redução do poder dos Conselhos de Administração e o retorno à designação dos administradores. Esse plano, dito plano Juppê[85], suscitou um movimento de greve de grande amplitude, ao mesmo tempo em que houve uma divisão espetacular das confederações sindicais. Algumas confederações se opuseram porque, para elas, o sindicato deve fazer, na administração da securidade social, o papel de representante do interesse geral e; outras, de outro lado, consideram o contrário, que deve se ater à defesa das categorias sociais que ele ou ela representa. Esses acontecimentos demonstraram a importância vital ratificada pelos sindicatos em relação a esses mandatos de administradores e também a sua determinação em defendê-los.

3. *A representação dos trabalhadores e a representação sindical dentro das empresas*

A representação dos trabalhadores nas empresas, chamada de delegado do pessoal, nasceu espontaneamente da ação operária, encarregada de falar à direção da empresa em nome de todos. A instituição se aperfeiçoou e tomou sua figura definitiva quando as eleições regulares tiveram lugar, quando a

---

(84) POLLAIN, G. *Les contrats de travail à durée déterminée*, p. 189-194.

(85) Alain Juppê foi secretário-geral e, depois, presidente da Reunião para a República (RPR) entre 1994-1997. Também foi ministro de Budger (1986-1988) e ministro para Assuntos Estrangeiros (1993-1995). Tornou-se primeiro-ministro de 1995 a 1997 (*Dictionnaire enciclopédique*, p. 865).

delegação se tornou permanente e sua competência foi definida e reconhecida.[86]

Essa delegação foi consagrada pela primeira vez na sentença arbitral de Waldek-Rousseau quando pôs fim, em 1889, a uma greve dos tecelões de Creusot. Em 1917, A. Thomas, ministro do Exército, criou, a pedido dos sindicatos, delegados de fábrica nas indústrias de armas. Porém, somente em 1936/1938 os delegados foram impostos pelo legislador.[87]

Os acordos chamados de Matignon, de 1936, preveem que, em todo estabelecimento com mais de 10 empregados, os delegados operários serão eleitos para apresentar todas as reclamações à direção da empresa.

A lei de 24 de junho de 1936 estabelece que toda convenção coletiva deve conter disposições sobre a eleição de delegado do pessoal. O Decreto-lei de 12 de novembro de 1938 reforça a instituição sem alusão às convenções coletivas.

Suspensas durante oito anos, em virtude da Segunda Guerra Mundial, as eleições dos delegados foram novamente restauradas pela lei de 16 de abril de 1946. Essa instituição foi modernizada por meio da lei de 28 de outubro de 1982.

A reivindicação do controle operário dentro da empresa ou sobre a empresa é bastante antiga, não existindo precedente direto desses organismos eleitos do pessoal e tendo, ao mesmo tempo, um direito com relação ao domínio econômico e um direito de gestão no domínio social.

A gestão operária só se encontra nas cooperativas operárias de produção e participação do pessoal na gestão em algumas nacionalizações. A origem imediata dos comitês de empresa é, sobretudo, buscar certas iniciativas espontâneas tomadas livremente. Sobre o plano social, o papel dos comitês era já prefigurado nos "comitês sociais" da carta de trabalho de Vichy. O decreto de 22 de fevereiro de 1945 revela um desejo de reformar a empresa, desejo esse que se manifesta periodicamente nos espíritos sem, no entanto, levar ou conduzir a uma mudança verdadeira nas estruturas.

Seu papel e sua finalidade são ambíguos: organismo de colaboração entre a direção e o pessoal para uns e intermediário para ação sindical aos olhos de outros. Em todo caso, o comitê de empresa não é um organismo de cogestão, apesar de a Constituição francesa estabelecer que "todo trabalhador participa por intermédio de seus delegados na gestão da empresa".

Na prática, tal disposição tornou-se letra morta. Os comitês se constituem, sobretudo, como organismo e iniciação econômica para uma elite de mili-

(86) LYON-CAEN, G. Ob. cit., p. 574-576.

(87) Cf. VERDIER, J. M. *Tendences du droit de travail français contemporian*, p. 263-272.

tantes. Também sua articulação com o movimento sindical é muito importante. A lei de 28 de outubro de 1982 trouxe alguns retoques à instituição, aumentando suas atribuições econômicas e acrescentando mais meios de ação.[88]

Existem duas fases distintas. A 1ª fase se refere ao sindicato na empresa antes de 1968.

Desde 1945-1946, os candidatos às funções de membro do comitê de empresa ou de delegado do pessoal são apresentados, em primeiro lugar, pelas organizações sindicais representativas, as quais podem provocar sua revogação no curso do mandato. Cada organização sindical representativa pode designar um representante próprio ao comitê de empresa (e ao comitê central de empresa) com voz consultiva. Os delegados do pessoal podem se fazer assistir, assim que eles forem recebidos, por um representante do sindicato.

A organização sindical vela pelo exato funcionamento dos organismos eleitos e lhes dá o impulso necessário. Por sinal, os responsáveis pelo sindicato é que são frequentemente eleitos como delegados do pessoal ou membros do comitê de empresa. Porém, sob o plano da empresa, o sindicato como órgão não aparece tanto, pois é suplantado na cena pelo comitê dos delegados.

O legislador, tanto em 1884 quanto em 1920, não considerava a ação sindical, a não ser no quadro local ou profissional. Isso correspondia às preocupações dominantes do sindicalismo patronal; já para os trabalhadores empregados, é na empresa que se situa principalmente a atividade sindical.

Mesmo pela lei de 1968, o funcionamento do sindicato na empresa não foi considerado, a não ser sobre o plano de respeito à liberdade sindical individual (liberdade de aderir ao sindicato). Hoje, é a ação do agrupamento ou do grupo sindical no quadro da empresa que preocupa o movimento sindical por inteiro.

A ideia de que o direito sindical deveria poder ser exercido na empresa fez progressivamente o seu caminho e triunfou em maio de 1968 no Protocolo de Grinelle.

Esse protocolo continha o compromisso do governo de enviar, o mais breve possível, um projeto de lei relativo ao exercício do direito sindical dentro da empresa. A lei de 27 de dezembro de 1968 é, assim, resultado das jornadas de maio, ainda que ela seja às vezes mais restritiva que o texto do protocolo.

O legislador escolheu fazer da "seção sindical" uma antena do sindicato na empresa, mas não para ajudar na constituição do sindicato dentro da empresa (que provavelmente passaria a ficar sob o controle do empregador).

---

(88) LYON-CAEN, G. p. 575-578.

A lei de 28 de outubro de 1982, relativa ao desenvolvimento das instituições representativas do pessoal, concerne não só aos delegados sindicais e às sessões sindicais de empresa, como também aos delegados do pessoal e aos comitês de empresa. Essa lei criou alguns órgãos novos como delegados de região e comitês de grupo, mas, não trouxe modificação maior ao direito da representação dos trabalhadores na empresa. Ela contém, ao contrário, numerosas modificações de detalhes, facilitando o funcionamento das instituições sindicais e eletivas.

As duas leis acima citadas foram denominadas lei Auroux e lei Giraud. Foram o resultado de uma longa série de relações e de aportes sobre a simplificação das instituições representativas do pessoal nas pequenas e médias empresas. Essa lei foi chamada de Quinquenal de 20 de dezembro de 1993 e oferece notadamente às empresas com menos de 200 empregados a possibilidade de confiar aos delegados do pessoal a representação dos empregados no comitê de empresa.

Essa "fusão" dos dois tipos de representações, que é susceptível de se aplicar a 60% (sessenta por cento) dos comitês de empresa, tem por principal objetivo uma redução do número dos representantes e uma diminuição do seu custo para a empresa. Todavia, deixa sem resposta a questão da efetividade do direito dos empregados a uma representação coletiva nas pequenas e médias empresas.

É preciso aproximar essas evoluções legislativas com as perspectivas abertas pelo acordo nacional interprofissional sobre a política contratual de 31 de outubro de 1995. Esse acordo foi assinado por diversas confederações e organizações dos trabalhadores e dos empregadores.

Esse acordo abre duas novas possibilidades de negociação coletiva nas empresas desprovidas de representantes sindicais. A primeira é de submeter os acordos celebrados com os representantes eleitos do pessoal a uma validação de uma comissão paritária do ramo de atividade, que velará, em seguida, pela sua aplicação. Essa validação confere a esses acordos a qualidade de verdadeiras convenções coletivas de trabalho e permite a essas empresas pensar em possibilidades de flexibilidade, dependendo apenas da conclusão de um acordo de empresa.

A segunda possibilidade é admitir a negociação de acordos coletivos com os empregados de empresa, especialmente delegados para esse fim, por uma organização sindical representativa. A aplicação dessas novas possibilidades é reenviada às negociações por ramo de atividade.

Como sabemos, duas concepções se defrontam logo que se trata de organizar as relações de capital e trabalho na empresa. A primeira é a concepção anglo-saxônica, que é a dominante, convencional ou bilateral: as relações coletivas da empresa são relações entre a direção da empresa e o sindicato. Não há instituições eleitas. O delegado sindical (*shopping steward*) defende os interesses do pessoal. Isso se faz sem grandes dificuldades, talvez porque o sindicato é único e discute "negócios".

A segunda é a concepção da Europa Continental (Alemanha). É a dominante institucional: o pessoal eleito dos representantes no seio de um organismo homogêneo (conselho do estabelecimento). O sindicato goza de um papel menor na empresa. Ressalte-se que a lei alemã de 11 de outubro de 1952 excluía o sindicato da empresa. Depois, pela lei de 15 de janeiro de 1972, o sindicato tem um direito de relação sobre o funcionamento do conselho do estabelecimento.

Já na França, de maneira original, existe a representação eleita e a representação sindical coexistindo na empresa ou dentro da empresa.[89]

4. O DIREITO SINDICAL E A ORDEM PÚBLICA NO DIREITO SINDICAL FRANCÊS

O direito convencional tem bastante força e eficácia no direito sindical francês. Aquela tríplice legislação, que vimos acima, pode resultar em diversas arrumações, atualizações, acréscimos ou permite tudo isso por via de acordos ou mesmo de costumes. Ela constitui uma representação mínima, imperativa, mas bastante flexível, de tal modo que o direito convencional é quase como um direito complementar com força de lei.

O art. L. 2312-6 e o art. L. 2312-7 rejem

> "as disposições do presente título não criam obstáculo às Cláusulas mais favoráveis resultantes de Convenções ou Acordos Coletivos e relativas à designação e às atribuições dos Delegados do pessoal. Nenhuma limitação pode ser imposta às disposições relativas à designação e ao exercício das funções do Delegado de Pessoal, as quais são definidas pelo presente título, por conta de serviço ou decisão unilateral da Direção."

O exercício de um mandato de representante do pessoal implica a existência de um contrato de trabalho em curso. Essa regra não se aplica aos empregados temporários.

Por conseguinte, é mais favorável do que as disposições legais o acordo que prevê modalidade do exercício dos mandatos de representante de pessoal, bem como modalidade de remuneração de um tempo de delegação para os assalariados que se encontram fora das previsões do Código do Trabalho.

(89) LYON-CAEN, G. Ob. cit., p. 579-580.

Nessa mesma linha, o número de delegados pode ser aumentado mediante negociação coletiva com os sindicatos representativos e, especialmente, por um acordo pré-eleitoral válido para a eleição assim organizada. Nem o costume da empresa, nem o engajamento unilateral do empregador podem modificar as disposições legais sobre os delegados do pessoal. Mas não obstante a clareza dos artigos acima transcritos, ainda há muita controvérsia sobre essa questão de derrogação da lei por via de acordos coletivos ou convenções coletivas de trabalho.

Há, por exemplo, algumas questões relativas a modificar ou não, por via de acordo, as condições e as atribuições dos comitês de empresa ou de delegado de pessoal, aumentar ou não o número de horas de delegação ou de prever o voto por correspondência. Nos últimos anos, a negociação tem se desenvolvido no sentido de dar garantias de carreira ou garantia de emprego aos empregados titulares de um mandato representativo.

No entanto, a ordem pública absoluta deve funcionar para impedir qualquer restrição trazida aos direitos dos empregados ou uma outra disposição, privilegiando ou agravando uma organização sindical em relação às outras e às cláusulas que tenderiam a modificar a competência da jurisdição ou dos órgãos administrativos.

Por conseguinte, não obstante a flexibilização que permite o direito sindical francês, a ordem pública sempre é observada, sempre está vigilante para que nenhuma cláusula ou convenção coletiva de trabalho possa ferir os direitos dos empregados. É bem diferente uma convenção que traz mais direitos e condições favoráveis para os empregados do que aquela que procura mascarar e desvirtuar o sentido real ou verdadeiro da lei.

Por isso, a ordem pública deve fazer prevalecer as garantias constitucionais sobre todo e qualquer acordo ou convenção coletiva que venha, de algum modo, trazer algum prejuízo aos trabalhadores, particularmente aos trabalhadores empregados.

A desobediência às normas de ordem pública leva imediatamente à intervenção do juízo de instância e da inspeção do trabalho. Daí surge, então, um contencioso judiciário e administrativo. Pois, na verdade, constituem um delito penal, conforme o art. L. 2355-1 do Código do Trabalho francês, bem como outros artigos na mesma linha, constituem um delito penal, o entrave à designação dos delegados sindicais, à eleição dos delegados do pessoal ou à constituição do comitê de empresa, e também o entrave ao exercício regular das funções desses órgãos de representação dos empregados.

O Código do Trabalho francês é minucioso e detalhista ao descrever o direito sindical, as funções e as atribuições do representante do pessoal, bem como as do representante sindical, que se caracterizam como duas figuras jurídicas distintas.[90]

As infrações a esses dispositivos legais são punidas não apenas com pena de prisão de um ano, mas também com severas multas. A justificativa principal ou o fundamento primordial dessas normais legais se baseia na liberdade sindical que, de forma alguma, pode ser afrontada dentro ou fora da empresa.

Ressalte-se, também, que essas punições não se destinam apenas aos empregadores. Qualquer empregado ou representante de pessoal ou de comitê pode ser condenado pelo delito de entrave, o delito que atenta contra a liberdade sindical, conforme foi dito acima.

Assim, no entrave decorrente da violação de um acordo ou de costumes, a câmara criminal julga, malgrado diversas críticas tiradas do caráter legal de toda incriminação, que o delito é constituído pela violação de um acordo indo além da lei: dispensa de um delegado criado por convenção, recusa de acordar ou aceitar um crédito de horas, de função majorado por convenção.

Se a própria lei prevê os prolongamentos ou as prorrogações convencionais, violar a convenção é ainda violar a lei. No entanto, a incriminação não poderá se estender à violação de um direito puramente convencional, ignorado pela lei. Mesmo o delito é constituído pela denunciação não negociada de um acordo ou de um costume estabelecido, o qual rege a instituição representativa.

Qual é, então, o papel do juízo de instância e do inspetor do trabalho? O juízo de instância é competente para decidir sobre a regularidade das eleições dos delegados do pessoal e dos membros do comitê de empresa. Ele é igualmente competente para decidir sobre a regularidade das designações dos delegados sindicais. Indiretamente, ele terá de resolver sobre as contestações referentes à representatividade ou sobre a noção de estabelecimento distinto (quadro de eleição dos delegados). Ele, então, torna-se o juiz do contencioso social na empresa.

Encarregado de uma missão de controle sobre o funcionamento das instituições representativas do pessoal, a inspeção do trabalho intervém mais especialmente sobre a situação das instituições, como número de estabelecimentos distintos para os comitês, repartição do pessoal entre os colégios e as sedes entre as categorias e, por fim, a proteção dos representantes, cuja dispensa não pode acontecer sem a sua devida autorização.

No entanto, as decisões do inspetor do trabalho ou do diretor departamental do trabalho podem ser objeto de um recurso hierárquico perante o ministro ou de um recurso contencioso. Os recursos contenciosos contra uma

---

(90) *Code du travail*, p. 520 e ss.

decisão administrativa não podem ser interpostos a não ser diante do juiz administrativo. Assim, o direito da representação do pessoal dá origem a um duplo contencioso, sendo este administrativo que se junta ao contencioso judiciário.

Os juízes que decidem sobre o delito de entrave não precisam suspender o julgamento para esperar os resultados do contencioso administrativo ou Prud'Homnale, conforme a jurisprudência dominante no direito sindical francês.

5. A REPRESENTAÇÃO DOS TRABALHADORES NA EMPRESA PRIVADA E NA EMPRESA PÚBLICA

Os delegados do pessoal são eleitos em todos os estabelecimentos industriais, comerciais ou agrícolas, nas profissões liberais, nos ofícios públicos e ministérios, nas sociedades civis, nos sindicatos profissionais, nas sociedades mutualistas e nos organismos de securidade social.

Foram excluídas as empresas que tenham caráter de estabelecimento público administrativo. Porém, de modo geral, em todas as associações ou em todo o organismo de direito privado, no qual haja pelo menos 11 empregados, 11 assalariados, na conformidade do art. L. 2312-1 do Código do Trabalho francês, aplica-se aquele princípio de representação.

O campo de aplicação é o mesmo para o comitê de empresa, com uma diferença apenas: o art. L. 2311-1 não visa, na sua enumeração, a todo organismo de direito privado. Quanto às disposições concernentes às seções sindicais e aos delegados sindicais, estas se aplicam em todas as empresas, qualquer que seja a natureza de suas atividades ou de sua forma jurídica.

Os comitês de empresa são organismos de direito privado. Com relação aos empregadores, eles escapam, então, à obrigação de instalar esses comitês no próprio seio da empresa, mas não escapam à legislação sobre a representação sindical e a delegação do pessoal.

No setor público, a colocação dos delegados do pessoal e dos comitês de empresa deve ocorrer nos estabelecimentos públicos de caráter industrial e comercial, bem assim nos estabelecimentos públicos determinados por decretos, que assegurem uma dupla missão de serviço público, um de caráter administrativo, outro de caráter industrial e comercial e que empreguem pessoal nas condições de direito privado. Esses estabelecimentos estão submetidos às mesmas condições, às disposições relativas ao exercício do direito sindical nas empresas.

As adaptações, tendo em conta o caráter do estabelecimento e dos organismos de representações já existentes, podem ser coordenadas ou ordenadas por decreto do conselho de Estado. Na falta desse decreto, aplica-se o direito comum.

Essa faculdade de adaptação não está prevista para o exercício do direito sindical. Porém, este último pode ser objeto de disposições específicas, conforme a lei sobre a democratização do setor público, permitido aperfeiçoamento por via convencional.[91]

O pessoal da empresa ou do estabelecimento deve ser suficientemente importante para justificar a criação das instituições representativas legais. Nas pequenas empresas, um contato direto existe entre o pessoal e a direção. Contudo, o número requerido não é o mesmo para as delegações do pessoal, os comitês, as sessões sindicais e os delegados sindicais.

É preciso igualmente ter em conta a eventual função do mandato dos delegados do pessoal e dos eleitos do comitê, pois está autorizada pela lei de 20 de dezembro de 1923 nas empresas com menos de 200 empregados.

Os representantes do pessoal devem ser eleitos se o estabelecimento comportar habitualmente pelo menos 11 empregados. Se o número crescer progressivamente por ramos, segundo a importância do efetivo do pessoal, então aumentará de um titular em relação de 11 a 25 empregados, ou até 9 titulares e respectivos suplentes, com relação a 750 até 999 empregados, conforme o artigo já citado. Esse número é modificado, dependendo da duração do período onde não há comitê de empresa ou de CHS-CT, seja por carência, seja pelo fato de eles não terem sido constituídos, seja porque eles não tenham sido renovados.

Os comitês devem ser criados se o estabelecimento ou a empresa empregar pelos menos 50 empregados. O número exigido inicialmente era de 100 empregados, mas depois foi reduzido para 50, para poder englobar as empresas médias. O número dos representantes cresce progressivamente, de 3 para 50 empregados, até 15, a partir de 10.000 empregados, com um mesmo número de suplentes, conforme o art. L. 2312-1 do Código do Trabalho.

No entanto, é lícito prever, especialmente em acordo ou convenção coletiva de trabalho, um número de membros eleitos superior àquele que resulta da lei. As sessões sindicais podem ser abertas para o sindicato representativo, em todas as empresas, qualquer que seja o seu efetivo (art. L. 2312-6).

O sindicato não pode designar um representante sindical se a empresa ou o estabelecimento empregar apenas 50 empregados. Contudo, é possível designar como representante sindical o representante eleito do pessoal nas empresas que empregam menos de 50 empregados.

---

(91) LYON-CAEN, G. Ob. cit., p.587-588.

A corte de cassação dá uma interpretação restritiva a esse texto legal: a lei se aplica a uma empresa de menos de 50 empregados e não aos estabelecimentos de menos de 50 empregados, numa empresa que tenha estabelecimentos múltiplos.

Os comitês de higiene, de securidade e de condições de trabalho, cuja sigla é CHS-CT, devem ser colocados nos estabelecimentos que ocupam, pelo menos, 50 empregados.[92]

Antes, é preciso que se distinga entre o conceito de empresa e o de estabelecimento, para que se possa ter uma melhor compreensão dos campos de atuação respectivos. O comitê de empresa tem, por quadro normal, um campo normal, a empresa, unidade econômica, na medida em que a lei lhe confere certas atribuições de ordem econômica. A delegação do pessoal tem por quadro normal, por área de atuação, o estabelecimento, unidade técnica de produção desprovida de personalidade própria.

No entanto, se a empresa comportar apenas um estabelecimento, então terá lugar para designação de um comitê de empresa e de uma delegação do pessoal. Se uma empresa comportar ou tiver vários estabelecimentos (várias usinas, agências ou sucursais) e outro tanto de delegações do pessoal, a lei prescreverá a designação de comitês de estabelecimento, aos quais se superporá um comitê central de empresa.

Nesses casos, o estabelecimento é a sede, ao mesmo tempo, de um comitê de estabelecimento e de uma delegação do pessoal. Os diferentes comitês de estabelecimento elegem os seus representantes para o comitê central da empresa. Várias empresas podem criar instituições sociais comuns, confiadas, então, à gestão de um comitê interempresas.

Para os delegados sindicais, o limite de 50 empregados concerne à empresa, mesmo se ela for composta por estabelecimentos de menor dimensão. Contudo, diferentes artigos falam de empresas ou de estabelecimentos. Por exemplo: alguns artigos do Código do Trabalho fixam o número de representantes sindicais, mas a fonte depende seja do efetivo da empresa, seja daquele estabelecimento distinto.

Depois da reforma de 28 de outubro de 1982, está previsto que para as empresas que comportam estabelecimentos distintos, o sindicato será representado tanto por representantes sindicais de estabelecimento como por um delegado central de empresa (um delegado central por tendência sindical). Um delegado sindical central distinto dos delegados sindicais de estabelecimento não pode ser designado, a não ser nas empresas que contam ao menos

(92) *Ibidem*, p. 588-590.

com 2.000 empregados, e que comportam ao menos 2 estabelecimentos de 50 empregados cada um ou mais.

O sistema de representação está bem próximo daquele adotado pelos comitês de empresa, ou seja, representantes sindicais de estabelecimento mais representante central de empresa.

A lei de 20 de outubro, no entanto, estabelece que a única condição para um sindicato designar um representante ao comitê de empresa é que a entidade sindical o tenha elegido. Logo, se no nível da empresa um sindicato não é considerado representativo, mas tem eleitos no comitê do estabelecimento, ele poderá designar um representante sindical no seio desse comitê de estabelecimento.

Assim, a corte de cassação já decidiu que a nova redação do art. L. 2324-2 do Código do Trabalho se aplica imediatamente desde o dia 20 de outubro de 2008.

O chefe de empresa e as organizações sindicais representativas na empresa podem fixar, por via de acordo, o número de estabelecimentos distintos existentes na empresa. Mas os sindicatos têm, em geral, interesse no reconhecimento de um grande número de estabelecimentos, pois daí maior número de delegados e maior número de horas de delegação, enquanto que o chefe de empresa prefere limitar o número de todos esses itens anteriormente enumerados.

Se há litígios referentes ao reconhecimento de estabelecimentos distintos, as mesmas autoridades são competentes para dirimir os pontos. Logo que o litígio sobrevenha — a propósito das eleições de delegado do pessoal ou da designação de delegados sindicais —, os juízos de instância são competentes para tanto.

Além disso, o diretor departamental do trabalho é competente para reconhecer a qualidade do estabelecimento distinto na ocasião da sua colocação ou por ocasião da colocação de um comitê de estabelecimento. Se não houver acordo entre o chefe de empresa e as organizações sindicais interessadas, a autoridade administrativa decide o número de estabelecimentos distintos no meio da empresa (art. L. 2327-7 do Código do Trabalho). Nesse caso, o contencioso será administrativo.[93]

Quando um acordo é concluído entre um empregador e uma ou várias organizações sindicais representativas, tendo por objeto dividir a empresa em vários estabelecimentos distintos para as eleições de representantes do

---

(93) LYON-CAEN, G. Ob. cit., p. 591-592.

pessoal, esse acordo tem uma natureza eleitoral e os sindicatos signatários não podem, de forma alguma, contestar a sua aplicação.

Se, no entanto, o estabelecimento não estiver definido por lei ou por texto regulamentar, os juízos terão primeiramente dado uma definição, pois preferem adotar uma posição bastante pragmática. Eles não pesquisam com precisão, em uma fórmula, os elementos característicos do estabelecimento distinto. Eles decidem se há um estabelecimento distinto quando for necessário reconhecer sua existência, para que os representantes do pessoal ou os representantes sindicais possam efetivamente exercer sua missão.

A missão dos delegados sindicais não se confunde com a missão dos delegados do pessoal ou com aquela dos comitês de empresa. A existência de estabelecimentos distintos poderá ser afirmada a propósito da designação de delegados sindicais — quando ela tiver sido descartada na mesma empresa — ou a propósito da colocação dos delegados do pessoal ou do comitê de empresa. Para que as atribuições desta última possam ser exercidas eficazmente, é preciso que o estabelecimento apresente uma permanência contínua e uma atividade específica, com real autonomia de gestão, e não somente uma implantação geográfica distinta.

Diante de toda essa situação, a corte de cassação chegou a uma definição única de estabelecimento para eleição de delegados do pessoal e a designação dos delegados sindicais.

A corte define estabelecimento

> como um grupo de empregados tendo interesses comuns e trabalhando sob uma direção única, pouco importando que a gestão do pessoal seja centralizada em outro nível, desde que exista no local um representante do empregador para receber as reclamações e tenha poderes para resolver algumas dessas questões.[94]

Por outro lado, os estabelecimentos isolados com menos de 11 empregados, para os delegados do pessoal, ou com menos de 50 empregados, para os delegados sindicais, devem ser vinculados a um estabelecimento principal mesmo que seja distante, a fim de assegurar uma representação de empregados que trabalhem nesses estabelecimentos isolados.

Ressalte-se, também, que a representação do pessoal e a representação sindical podem ser organizadas numa unidade de implantação mais ampla que a empresa. Em lugar de se dividir a empresa em várias unidades menores, que são os estabelecimentos, agrupam-se várias empresas para formar uma só unidade. Vários agrupamentos são previstos pelo legislador: a unidade do local de trabalho (*site*) para os delegados do pessoal, a unidade econômica

(94) *Apud* LYON-CAEN, G. Ob. cit., p. 563.

e social para todas as instituições representativas e a unidade do grupo para o comitê de empresa.

A unidade de local de trabalho, chamada em francês de *site*, é prevista somente para implantação dos representantes do pessoal. Nas empresas cujo efetivo no mesmo local é inferior a 11 empregados, os representantes do referido "site" podem ser eleitos pela assembleia dos empregados que trabalham nessas empresas, em conformidade com o art. L. 2312-4 do Código do Trabalho.

A lei não diz exatamente o que se deve entender por *site* ou local de trabalho. Ele pode ser um centro comercial, uma galeria comercial, uma zona industrial ou artesanal, eventualmente uma rua de pedestre. No entanto, a lei oferece certo número de condições para o reconhecimento da unidade local de trabalho: é o diretor do departamento de pessoal, nesse quadro de trabalho, que tomará essa decisão, quando a natureza e a importância dos problemas comuns às empresas do local o justificam.

Outra condição é que os empregados que trabalham naquele local sejam, ao menos, 50, que trabalhem com certa duração ou permanência no lugar. Participarão da eleição somente os empregados que trabalham nas unidades, onde trabalham habitualmente menos de 11 empregados. Esse dispositivo, que parece pouco utilizado, deixa algumas questões sem resposta. A missão desses delegados do local não está claramente definida. Nenhuma coordenação está prevista entre essa missão e a missão dos delegados do pessoal de empresas importantes trabalhando sob o mesmo local.

Desde 1970, a jurisprudência francesa tem decidido que as sociedades juridicamente distintas, tendo uma mesma direção e apresentando uma comunidade de interesses, podem ser relacionadas ou consideradas como constituindo uma "Unidade Econômica e Social (UES)", assimilável a uma empresa para aplicação da legislação relativa à representação do pessoal, tanto para os delegados e comitês como para a representação sindical.[95]

Mesmo que as empresas tentem camuflar ou fraudar essa unidade, a corte de cassação, bem como os juízes de um modo geral, têm entendido e decidido que várias sociedades juridicamente distintas constituem, em relação ao direito do trabalho e independentemente de toda ideia de fraude, "um só conjunto econômico ou uma só unidade econômica e social".

Essa unidade, assim reconhecida pela jurisprudência francesa, pode resultar de diversos índices ou critérios:

> a) no plano econômico — sobretudo para a constituição de um comitê comum, atêm-se à comunidade de direção dirigente comuns, administradores, comissários de contas comuns; meios, contabi-

(95) LYON-CAEN, G. Ob. cit., p. 594-595.

lidade, informática, locais comuns; interesses comuns (falta de concorrência, participações financeiras, mudanças técnicas); atividades comuns, objeto social bastante próximo, atividades eventualmente diversas, mas complementares;

b) no plano social — principalmente para os delegados sindicais e de pessoal: permuta de pessoal, identidade de estado social coletivo, condições de trabalho, como acordo e participação única, balanço social único; gestão do pessoal unificada. O conjunto atesta que existe uma comunidade de pessoal, uma coletividade de trabalho.

Diferentemente da unidade econômica e social, o grupo é uma unidade de implantação que é utilizada apenas por um órgão de representação, ou seja, o comitê. Este tomará o nome de comitê de grupo.

Há outra diferença em relação à unidade econômica e social: o grupo não é uma noção utilizada pela jurisprudência relativa à colocação de instituição representativa diante da adoção da lei de 28 de outubro de 1982. Somente alguns acordos coletivos tinham vinculado consequências sociais à existência de grupos de sociedades criando comitês de grupo.

As duas noções "de grupo" e de "unidade econômica e social" não são, contudo, tão fáceis de distinguir. A unidade econômica e social serve às vezes de máscara para um grupo.

Vejamos o art. L. 2331-1 do Código do Trabalho, que define o que é preciso entender por grupo:

> Art. L. 2133-1
>
> Um comitê de grupo é constituído no seio do grupo formado por uma empresa chamada dominante, cuja sede social é situada no território francês e as empresas que ela controla nas condições definidas nos arts. L. 233-1, incisos I e II, L. 233-3 e L. 233-16 do Código do Comércio.

É igualmente considerada como empresa dominante, para a constituição de um comitê de grupo, aquela que tem uma influência muito grande e detém ao menos 10% (dez por cento) do capital da outra empresa, desde que a permanência e a importância das relações dessas empresas estabeleçam a participação de uma e de outra no mesmo conjunto econômico.

A existência de uma influência dominante é presumida estável, sem prejuízo de prova em contrário, dês que uma empresa, direta ou indiretamente, possa nomear mais da metade dos membros dos órgãos da administração, da direção ou da supervisão de uma ou de outra empresa, dispor da maioria dos votos vinculados às partes emitidas por outra empresa ou deter a maioria do capital subscrito de uma outra empresa.

Os litígios que possam nascer a respeito da delimitação do grupo são da competência do tribunal de grande instância da sede da sociedade dominante, na conformidade do art. L. 439-1 do Código do Trabalho francês.(96)

Quando as sociedades do grupo têm atividades econômicas bastante diferentes e quando o pessoal dessas sociedades constitui de igual modo pessoas jurídicas distintas, tendo cada uma estatuto próprio, há um grupo, sem que haja, ao mesmo tempo, uma unidade econômica e social.

Ao contrário: a existência de um grupo não tem efeito para o reconhecimento de uma unidade econômica e social, quando as atividades da sociedade e do grupo são apenas complementares e que o pessoal de todas as sociedades é, em princípio, intermutável. As modificações interferem na composição do grupo, como cisão, cessão de controle, entrelaçando dificuldades específicas.

Uma questão interessante se levanta quando se trata de empresa estrangeira. A questão que se coloca é a seguinte: podem-se criar instituições representativas quando uma empresa tem na França diferentes estabelecimentos, mas a sede da sociedade é situada no estrangeiro? Essa pessoa jurídica será regida por um direito outro ou pelo direito francês?

A questão se coloca para o comitê central de empresa ou para o comitê de grupo, como também para o delegado sindical central (os delegados e os comitês de estabelecimentos se impõem em todo estabelecimento situado na França).

O conselho do Estado entende que a lei se estende para assegurar a todo trabalhador o exercício de certos direitos, notadamente aquele de representar ou de estar representado no seio de um comitê central de empresa.

A lei sobre os comitês de empresas deve, então, ser aplicada a toda pessoa física ou jurídica, que exerça, na França, as responsabilidades de empregador. As circunstâncias de que uma tenha a sua sede no estrangeiro não poderá fazê-la escapar a essa lei francesa. Ela tem a obrigação de instituir a participação de um comitê central em suas atividades de empregador na França "em toda medida do possível". Esse comitê central, certamente, não se reunirá na sede situada fora da França, mas no lugar onde a empresa exerce, a título principal, suas atividades de empregador na França.

As atribuições desse comitê central serão aquelas de informação econômica sobre a marcha da empresa, com exceção das atribuições que serão incompatíveis com a presença, no estrangeiro, da sede social, o envio de representante tendo voz consultiva no conselho de administração. Portanto, os representantes do pessoal têm garantia de emprego, mesmo na empresa estrangeira, com estabelecimento na França.

(96) *Ibidem*, p. 599.

A proteção dos representantes do pessoal contra a despedida é uma disposição imperativa da lei francesa e se aplica, então, aos representantes também eleitos no quadro do estabelecimento na França de uma sociedade estrangeira.

Existe também o comitê europeu de empresa. A diretiva 94/95, de 22 de setembro de 1994, concernente à representação dos trabalhadores nas empresas ou grupos de empresa de dimensão comunitária, foi convertida em direito interno pela Lei n. 96-985, de 12 de dezembro de 1996.

Observe-se, também, que o direito convencional já havia permitido a organização dessa representação dos trabalhadores. Os acordos celebrados ou concluídos antes de 22 de setembro de 1996 continuaram a ser aplicáveis.

O art. 439-6 do Código do Trabalho francês prevê a instituição de um comitê de empresa europeu nas empresas que empregam pelo menos 1.000 trabalhadores nos Estados-membros da comunidade europeia, como também nos Estados-membros do espaço econômico europeu, e contam, ao menos, dois estabelecimentos ou empresas empregando ao menos 150 trabalhadores em dois Estados diferentes.

A lei é aplicável às empresas ou grupos de empresas que têm sua sede na França. Para essas e outras, cuja sede social está situada em outro Estado, a lei se aplica se um representante na França for designado ou ainda se o estabelecimento ou empresa que empregar o maior número de trabalhadores, no seio desse Estado, estiver situada na França.

O direito dos trabalhadores à informação e à "consultação" é aberto em nível europeu. O termo "consultação" foi definido como a organização de uma mudança de visão e o estabelecimento de um diálogo entre os trabalhadores e os empregadores.

A colocação desse direito foi submetida à conclusão ou à celebração de acordos, que devem ser negociados no seio de um grupo especial de negociação. Cabe ao chefe da empresa proceder à constituição desse grupo especial de negociação, desde que os efetivos sejam atendidos.

Na falta da iniciativa do chefe de empresa, o procedimento é levado a efeito por meio de uma demanda escrita de pelos menos 100 empregados, revelando que se trata de duas empresas ou estabelecimentos situados pelos menos em dois Estados-membros diferentes (art. L. 439-7, do Código do Trabalho francês).

Em todo caso, na falta de um acordo, a lei impõe que nesse lugar ou nesse vazio seja constituído um comitê de empresa na conformidade do art. L. 439-12 e seguinte do Código do Trabalho francês.[97]

(97) LYON-CAEN, G. Ob. cit., p. 600-602.

O direito sindical francês é bastante detalhado e minucioso quando trata da representação dos trabalhadores na empresa. É um foco importantíssimo para a organização e a luta dos trabalhadores pela manutenção e conquista de direitos trabalhistas e sociais.

Nessa pequena pesquisa, não podemos nos estender a todos os detalhes, mas a conclusão é bem clara: o forte do sindicalismo francês está na sua organização de base, tendo um suporte jurídico suficiente para enfrentar os atos ou comportamentos antissindicais dentro ou fora das empresas.

6. *A revolta dos trabalhadores e dos estudantes contra a lei do contrato do primeiro emprego (CPE)*

6.1. Breve introdução

As mobilizações dos trabalhadores e dos estudantes (jovens) contra a lei que estabelecia normas trabalhistas bastante flexíveis para o Contrato do Primeiro Emprego (CPE) começaram antes mesmo de sua aprovação pelo Legislativo e sancionamento pelo presidente Jacques Chirac (2.4.2006).

As greves, os protestos e as manifestações de toda ordem tiveram lugar não apenas em Paris, mas em diversas cidades do país.

Durante os meses de março e abril de 2006, os franceses viveram e sofreram talvez os mesmos sobressaltos comparados aos que vimos em relação a maio de 1968 (isso segundo os próprios analistas franceses). Foi, sem dúvida, a maior manifestação realizada na França desde o movimento de dezembro de 1995 contra o projeto de reforma da previdência do então Premier Alain Juppê, já citado.

O governo, certamente apoiado pelo setor empresarial e, até mesmo, com respaldo jurídico, não admitiu ceder e chegou-se a temer por uma radicalização de ambos os lados.[98]

No entanto, parece que prevaleceram o bom senso e a concessão dos dois lados.

6.2. A lei do CPE e suas implicações

Afinal, o que pretende essa lei do CPE?

Segundo a interpretação geral, a lei pretende reduzir o desemprego entre os jovens, facilitando a sua contratação. Porém, uma cláusula que permite ao

(98) No dia 4 de abril de 2006, o quinto protesto popular contra o CPE levou às ruas da França mais de três milhões e 700 mil pessoas apenas na capital.

empregador despedir sem justificativa ou indenização desagradou aos jovens e aos trabalhadores de um modo geral.

Ora, se a lei é para facilitar a contratação dos jovens com menos de 26 anos, que estão desempregados, por que essa revolta toda?

Aqui, é preciso analisar objetivamente as razões da revolta e do inconformismo não apenas dos jovens, mas dos trabalhadores já empregados, dos servidores públicos e dos 11 (onze) partidos de esquerda, conforme noticiou a mídia.

Após a Segunda Guerra Mundial, os trabalhadores franceses, que, de um modo geral, tiveram um papel importante na "resistência francesa" à ocupação alemã, conseguiram, claro que com muito sacrifício e luta, certos direitos trabalhistas dos quais não abrem mão e não podem ceder, sob pena de um retrocesso irremediável.

Acrescente-se a essa tradição trabalhista a repulsa e, até mesmo, o ódio que os imigrantes têm, na França, com relação a qualquer discriminação que, como se sabe, é fonte, hoje, de muitos problemas sociais naquele país.

Também não podemos esquecer o que já dissemos sobre a representação dos trabalhadores nas empresas, com uma regulamentação trabalhista e negociada há muito tempo. E esses trabalhadores não poderiam aceitar que outros trabalhadores, no caso os imigrantes, fossem classificados como de "segunda categoria", uma vez que não seriam protegidos, de certa forma, pelas convenções coletivas ou pelos acordos coletivos de trabalho.

O que poderia ocorrer com o passar do tempo se a lei fosse aprovada como queria o governo?

Os empregadores substituiriam paulatinamente os trabalhadores mais antigos pelos mais jovens para se livrarem de futuras indenizações trabalhistas.

Assim, o CPE seria um barril de pólvora lançado contra os direitos trabalhistas e o direito sindical francês.

Portanto, o atual governo francês, que é conservador e altamente capitalista, pretendeu aplicar um golpe de morte contra os direitos do trabalho e, de resto, contra o movimento sindical como um todo.

Daí a revolta: ou o governo cedia, ou a França tornar-se-ia um campo de guerra. No entanto, prevaleceu a negociação, como é o certo e o correto, para resolver os conflitos coletivos trabalhistas e sociais.

Na prática, os empregadores e os trabalhadores negociarão e se adequarão a essa nova lei por meio dos instrumentos e mecanismos que já se criaram ao longo do tempo.

Por sinal, após o recuo do governo, as entidades representativas das mobilizações já iniciaram os primeiros contatos com o Legislativo, especialmente com o Partido Majoritário (MUP), que é o do governo.[99]

6.3. A lei que substitui o CPE

Após as mobilizações e muitas negociações, os partidos políticos e as entidades representativas dos trabalhadores e dos jovens chegaram a um acordo com o governo e uma nova lei substituiu o tão criticado e vergastado CPE na França. Essa lei foi publicada no *Jornal Oficial* de 22 de abril de 2006, após sua promulgação pelo presidente da República. Essa lei sobre "o acesso dos jovens à vida ativa na empresa" tomou o n. 2.006-47 e está datada em 21 de abril de 2006.

Com efeito, o Parlamento francês, no dia 13 de abril do referido ano, terminou de virar a última página do CPE, quando após dois meses de crise social e política adotou e aprovou uma proposta conciliatória.

Essa nova lei, portanto, substituiu o art. 8º da lei sobre "Igualdade de oportunidades" que havia criado o CPE.

Nessa nova versão, não existe mais nada sobre o contrato por tempo determinado que o primeiro-ministro Dominique Villepin destinava aos jovens menores de 26 anos, com um período de experiência de dois anos, tendo ainda o empregador a possibilidade de demitir sem motivo e sem pagar indenização, ou os direitos já assegurados em lei anterior.

Assim, ampliando dispositivos existentes em favor dos jovens menos qualificados, o novo texto, como dissemos, foi redigido após negociações com os parceiros sociais e os estudantes para pôr um fim à crise que se alastrava por todo o país.

O novo texto legal, que se integrará à lei sobre "Igualdade de oportunidades", prevê uma ajuda a todo empregador que contrate um jovem de 16 a 25 anos, com pouca qualificação ou residente em zona urbana sensível ou titular de um contrato de inserção na vida social.[100]

---

(99) Disponível em: <www.france.attae.org./article.plip?id_article=6247/www.secours-catholique.asso.fr/actinlitefrance-847htm>.

(100) Disponível em: <www.sites.uol.com/jornalaverdade/>; <www.clubosbs.com>.

Capítulo 8

As Instituições do Direito do Trabalho e do Direito Sindical Francês

1. Breve introdução

De início, não pensamos em agregar à nossa pesquisa uma reflexão sobre as instituições ou os órgãos estatais encarregados de decidir e de aplicar as normas legais referentes ao direito do trabalho e ao direito sindical (que são inseparáveis).

No entanto, sem pretender fazer um aprofundamento, resolvemos apenas descrever alguns desses organismos franceses e compará-los com seus possíveis similares brasileiros. Assim, entendemos que o simples fato de tentar confrontá-los contribuiu muito para compreendê-los melhor.

Antes de tudo, deve-se perceber que o direito do trabalho sofre total ou parcialmente intervenção estatal, dependendo da formação e da evolução histórica de cada país.

Na verdade, em certos países, como o Uruguai, os Estados Unidos e o Reino Unido, pode-se, até, afirmar que a intervenção do Estado é uma exceção.

Entretanto, em outros países, tal como a França e o Brasil, o Estado interveio e vem intervindo de forma crescente nos mais variados campos. O sistema jurídico é profundamente heterônomo; a autonomia normativa dos parceiros sociais é subsidiária. Sem dúvida, não se pode olvidar de que ocorrem evoluções, nos dois sistemas, e só o futuro dirá se os dois modelos apresentarão pontos convergentes e comuns.[101]

(101) JAVILLIER, J. C. Ob. cit., p. 36.

2. O Conselho de Prud'Hommes

Como sabemos, em alguns países, os parceiros sociais — empregados e empregadores — têm plena autonomia para criar e interpretar as normas referentes às suas relações trabalhistas. Os parceiros sociais elaboram e adaptam as normas, como se verificou nos países anglo-saxônicos.

Entretanto, em outros países, como é o caso da França, a autonomia dos parceiros sociais é bastante limitada e restrita por uma série de exigências legais, desde a negociação coletiva até a interpretação das normas convencionais produzidas.

Por isso, ao longo do tempo, ao menos desde o início do século XIX, alguns organismos de controle, de interpretação e de julgamento foram sendo criados e desenvolvidos em relação ao direito do trabalho.

Sem dúvida, o Conselho de Prud'Hommes é a mais antiga das instituições criadas especialmente pelo Estado francês para resolver os conflitos do trabalho.[102]

Os Conselhos de Prud'Hommes foram criados por uma lei de 18 de março de 1806. A pedido da Câmara de Comércio de Lyon, Napoleão I instituiu nessa cidade um Conselho de Prud'Hommes. Esse conselho era composto em maioria pelos patrões e em minoria pelos chefes de oficina. No início, não havia participação de operários. A participação dos operários ou assalariados em paridade com os patrões, só foi possível pela lei de 28 de maio de 1848.[103] O Conselho de Prud'Hommes foi profundamente reformulado por uma lei de 18 de janeiro de 1979 e por outra lei de 30 de dezembro de 1986.

Os princípios fundamentais da jurisdição dos Prud'Hommes são: paridade (empregados e empregadores em igual número), democracia (eleição dos conselheiros, conciliação prévia obrigatória) e adaptação (procedimentos simplificados e menos onerosos).

Os conselheiros empregadores e os conselheiros assalariados são eleitos respectivamente por dois colégios correspondentes.

Podem ser eleitos, a partir de 16 anos, os assalariados, mesmo aprendizes, tanto franceses como estrangeiros, e os empregadores que empregam um ou vários assalariados. Todos devem se inscrever na lista eleitoral própria para as eleições de Prud'Hommes, que é organizada pelo prefeito da comarca onde se exerce a atividade.

Entretanto, só poderão ser eleitos, ou melhor, apenas são elegíveis os eleitores de nacionalidade francesa, com, pelo menos, vinte e um anos de

(102) RIVERO, J.; SAVATIER, J. Ob. cit., p. 225.

(103) JAVILLIER, J. C. Ob. cit., p. 52.

idade. Os locais de votação são os mais próximos e acessíveis aos assalariados, para facilitar a participação eleitoral.

O mandato dos conselheiros é de cinco anos. A jurisprudência reconhece implicitamente aos conselheiros a qualidade de magistrados.[104]

Segundo o Código do Trabalho francês, os Conselhos de Prud'Hommes, jurisdição eletiva e paritária, regulam, pela via de conciliação, os litígios que podem surgir por ocasião de qualquer contrato de trabalho, sujeitos às disposições do referido Código, entre os empregadores, ou seus representantes, e os assalariados que os mesmos empregam. Os conselheiros julgam os conflitos sobre os quais não houve êxito na conciliação. Entretanto, os conselhos não podem conhecer os litígios que são da competência de outras jurisdições, como aquelas relativas à securidade social, ao Código Penal ou ao Código do Trabalho marítimo.[105]

O grau de competência, em última instância, dos Conselhos de Prud'Hommes é fixado por decreto. Esse grau é revisado anualmente.

As causas dos servidores públicos, contratados nas mesmas condições do direito privado, são de competência dos Conselhos de Prud'Hommes.

Há, pelo menos, um Conselho de Prud'Hommes em cada tribunal de grande instância. Esse conselho é composto pelas seguintes seções:

- enquadramento;
- indústria;
- serviço comercial;
- atividades diversas.

A atividade principal do empregador determina o tipo de seção. Em cada seção podem ser criadas câmaras. O conselho é presidido alternadamente por um empregador e um assalariado. Em cada revezamento, os assalariados e os empregadores elegem separadamente um presidente e um vice-presidente.[106]

O Conselho de Prud'Hommes competente para conhecer de um litígio é aquele na instância no qual está situado o estabelecimento onde é efetuado o trabalho.

No entanto, se o trabalho é realizado fora de qualquer estabelecimento, a demanda é levada perante o Conselho de Prud'Hommes do domicílio do

(104) RIVERO, J. *et al.* Ob. cit., p. 260-261.
(105) Art. 511-1 do *Code du travail*, p. 755.
(106) JAVILLIER, J. C. Ob. cit., p. 53-54.

assalariado. Este sempre poderá escolher o conselho do lugar onde foi contratado ou do lugar onde o empregador estiver estabelecido.

As normas de competência são de ordem pública, não podendo as partes derrogá-las. Portanto, "toda cláusula que, direta ou indiretamente derrogue essas disparições legais, é reputada como não escrita".[107]

O Conselho de Prud'Hommes tem uma dupla missão:

a) antes de tudo, tentar conciliar;

b) havendo fracasso na conciliação, então o conselho é chamado para julgar.

Daí por que existem: o birô de conciliação — composto por um empregador e por um empregado — e o birô de julgamento — composto por dois empregadores e dois empregados, cujo presidente e vice-presidente se alternam, como já vimos.

O conselho pode tomar várias providências, independentemente de requerimentos das partes, visando à conciliação. Só há julgamento quando, de forma alguma, se consegue a pretendida conciliação.[108]

Os conselheiros Prud'Homales têm ampla liberdade de investigação e instrução do processo, tentando descobrir a verdade dos fatos e objetivando a conciliação entre as partes.

Para cada caso, são designados dois conselheiros que devem elaborar um relatório objetivo sobre as investigações. Eles podem apresentar um único relatório ou, se houver divergência, cada um faz o seu relatório.

Esses conselheiros podem também, eventualmente, apresentar uma solução para o caso, mas, jamais essa solução poderá ser em detrimento das investigações ou do seu resultado, sob pena de nulidade.

Em sequência, a instância de julgamento aprecia soberanamente o relatório desses dois conselheiros. Esse relatório circunstanciado permite ao Conselho de Prud'Hommes planejar e formar uma convicção sobre o litígio que lhe foi apresentado.[109]

Com relação às demandas perante o Conselho de Prud'Hommes, observa-se que a maior parte dos litígios procede das pequenas empresas.

Com efeito, nas grandes empresas, os empregados normalmente dispõem de outros meios para obter justiça ou atendimento às suas reivindicações.

(107) *Idem.*

(108) RIVERO, J. *et al.* Ob. cit., p. 262.

(109) POIRIER, M. *Dictionnaire du procès prud'homal*, p. 70.

Sem dúvida existem os recursos internos apoiados pelos sindicatos e recentemente reforçados pela nova lei de diálogo e representatividade sindical. Entretanto, ao contrário do que se pensa, nem sempre os Conselhos de Prud'Hommes dão razão aos empregados. Um levantamento feito em 2002 revelou que os empregados só obtiveram êxito em 75,57% dos casos. Ora, é público e notório que, na França, muitos direitos trabalhistas são violados pelos empregadores. Então, não é de se espantar que a maioria dos empregados litigantes tenha seus direitos atendidos pelos Conselhos de Prud'Hommes.

Assim, é importante notar que o contencioso trabalhista é bastante elevado em relação às demais áreas do direito, não obstante ter diminuído nos últimos anos.

Apenas para exemplificar, a Câmara Social da corte de cassação toma a cada ano mais decisões do que as três câmaras cíveis reunidas. As decisões da câmara social representam, em média, mais de 40% do total das decisões da alta corte.(110)

Até uma determinada alçada, o conselho decide em primeira e última instância. Acima dessa alçada ou valor fixado em lei ou decreto, o apelo pode ser levado, em trintas dias, diante da corte de apelação. Contra o julgamento em última instância ou despacho da corte, ainda é possível recurso perante a Câmara Social da corte de cassação francesa.(111)

Por oportuno, é bom frisar ainda que existe o conselho superior Prud'Homal criado pela Lei n. 82-372, de 6 de março de 1982. Esse conselho é um organismo consultivo junto ao Ministério da Justiça, do Ministro da Justiça e do Ministro do Trabalho.

A sua composição, segundo as regras estabelecidas, é tripartite: representante do Estado, representante dos empregados e representante dos empregadores.

Esse conselho superior elabora pareceres, sugestões e realiza estudos sobre a organização e o funcionamento dos Conselhos de Prud'Hommes. Ele ainda é obrigatoriamente consultado sobre qualquer projeto de lei e de regulamentos relativos à instituição, à competência, a organização e ao funcionamento dos Conselhos de Prud'Hommes, bem como os projetos relativos à eleição, ao estatuto, à formação dos conselheiros Prud'Hommes e ao procedimento a ser seguido perante os referidos conselhos.(112)

Como se percebe, apenas tentamos fazer uma síntese da formação e do funcionamento dos Conselhos de Prud'Hommes, com a intenção de ser muito

(110) *Ibidem*, p. 70-71.

(111) RIVERO, J. *et al*. Ob. cit., p. 262.

(112) POIRIER, M. Ob. cit., p.66.

mais informativo do que um estudo do seu mérito ou demérito. O importante é que depois façamos uma comparação com o modelo brasileiro.

3. *Os órgãos centrais da administração do trabalho*

As entidades administrativas e os órgãos da administração dotados de competências trabalhistas gerais são chamados, em razão de sua própria função, a intervir nos problemas do trabalho. Nesse sentido, o primeiro-ministro e, a nível local, o prefeito, e a prefeitura têm o seu papel a exercer.

Alguns órgãos consultivos, como o conselho de Estado, por meio de suas seções administrativas, encarregadas de fornecer comunicações entre os diversos ministérios, possuem uma seção social que conhece, entre outros, questões relevantes da administração do trabalho.

Existe também o conselho econômico e social, criado pela Constituição de 1958, que dá parecer sobre projetos de lei de caráter econômico e social.

No entanto, é importante assinalar o papel do conselho de Estado, seja como juiz de apelação ou de cassação, seja em primeira ou última instância, nas questões importantes relativas ao direito do trabalho ou ao direito sindical.

Enquanto órgão consultivo, o conselho de Estado participa da elaboração dos principais regulamentos que interessam ao direito do trabalho. Além disso, são numerosos os pareceres que ele dá sobre pontos controvertidos relativos ao direito do trabalho e ao direito sindical.

Todavia, a extensão do papel do Estado em matéria do trabalho impôs a criação de órgãos administrativos especializados: uma verdadeira administração do trabalho se desenvolveu. Esse desenvolvimento não se fez a partir de um plano conjunto, mas por contribuições sucessivas. Por outro lado, os problemas do trabalho são difíceis de isolar do contexto no qual eles se colocam e cada ministério procura conservar aquilo que se relaciona com as suas atribuições gerais. Tudo isso, então, mostra que a administração do trabalho possui uma estrutura complexa.[113]

Assim, um Ministério do Trabalho e da Previdência Social foi criado por um decreto de 25 de outubro de 1906. Depois dessa época, segundo a conjuntura política e as necessidades do governo, os serviços que se ocupam dos problemas do trabalho, da securidade social e da saúde foram ora separados em dois ou três departamentos ministeriais diferentes, ora reagrupados no seio de um Ministério das Questões Sociais.

A administração central do trabalho compreende principalmente uma "delegacia do emprego" e uma diretoria das relações do trabalho, apoiada

(113) RIVERO, J. *et al*. Ob. cit., p. 265-266.

sobre um serviço de estudo e de estatística. O fundo nacional do emprego distribui as verbas relativas à política do emprego. Ainda existe a diretoria da população e das migrações. Aos secretariados de Estado os problemas particulares: trabalhadores manuais imigrantes, formação profissional, trabalho feminino etc., conforme cada governo.

Ressalte-se entre os diversos órgãos consultivos a comissão nacional de negociação coletiva, de grande importância para os sindicatos. Pode-se ainda mencionar outros serviços, como a agência nacional para o emprego e a agência nacional para a melhoria das condições de trabalho. Existem também os inspetores gerais das questões sociais, que têm como missão elaborar uma relação anual a respeito dos grandes problemas sociais na França.[114]

4. Os serviços externos

Uma lei de 2 de novembro de 1892 criou, na França, um quadro de inspetores do trabalho com a finalidade de fiscalizar as condições de trabalho das crianças e das mulheres. Essas atribuições dos inspetores foram se ampliando progressivamente e a administração do trabalho foi incumbida de serviços encarregados de gerar a política do emprego.

A organização dos serviços e as atribuições do pessoal são determinadas pelo Código do Trabalho e por vários decretos, especialmente por um decreto de 24 de novembro de 1977. As atribuições dos serviços de controle e da inspeção do trabalho encontram-se bem definidos no art. L. 8112-1 e as atribuições da inspeção médica do tratado são estabelecidas no art. L. 8112-2 e art. L. 8113-1 do Código do Trabalho francês.[115]

Em cada departamento, há dois grupos de serviços: o grupo do trabalho propriamente dito e o grupo do emprego. Apenas são distintos por suas atribuições, mas subordinados à administração central, sob a mesma autoridade.

Existe o quadro de inspetores do trabalho, sendo este um quadro superior, o quadro dos fiscais do trabalho subordinados ao quadro superior e um quadro de agentes administrativos.

Todos os membros do corpo são recrutados por meio de concurso público e formados pelo Instituto Nacional do Trabalho criado por um decreto de 3 de setembro de 1975.

O direito departamental do trabalho e do emprego é o responsável por todos os serviços relevantes do Ministério do Trabalho, que são essencialmente os seguintes:

---

(114) *Ibidem*, p. 266-267.
(115) *Code du travail*, p. 1305-1307.

a) A inspeção do trabalho propriamente dita confiada a inspetores, numa determinada base geográfica relativa a um conjunto de empresas, tendo à sua disposição certo número de fiscais; e

b) Os serviços especializados encarregados principalmente de acompanhar os problemas do emprego e dos trabalhadores estrangeiros. São esses serviços que concedem aos trabalhadores e às empresas as ajudas financeiras provenientes do Fundo Nacional do Emprego (FNE).

Em cada região, os serviços departamentais são reagrupados sob a autoridade de uma diretoria regional do trabalho e do emprego e no vértice da hierarquia encontra-se um inspetor-geral, que exerce um controle superior sobre o conjunto dos serviços.

Em síntese, as atribuições da inspeção do trabalho, na França, são as seguintes: poderes de fiscalização, poder de decisão, função de orientação e de conciliação e participação efetiva em matéria de emprego e de condições de trabalho, principalmente em virtude das informações colhidas pelos próprios inspetores.

Para cumprir devidamente a sua missão, os inspetores do trabalho dispõem de amplos poderes de investigação, os quais lhes permitam descobrir as infrações, e os poderes de sancionar, ou seja, aplicar multas, conforme o caso. Eles podem visitar e verificar os documentos e materiais utilizados no trabalho. Entretanto, apesar de todos esses poderes conferidos aos inspetores do trabalho, eles são proibidos de revelar qualquer segredo de indústria ou os procedimentos de exploração da empresa, sob pena de sanções penais.(116)

5. *As instituições internacionais do trabalho*

Como se sabe, as fontes internacionais do direito do trabalho emanaram de diversos organismos que consideram os problemas do trabalho além da conjuntura nacional, seja em nível mundial, seja em nível da Europa.

Além dos Estados, não há organismos internacionais que sejam competentes ou tenham poderes de impor regras obrigatórias aos empregadores e aos assalariados.

Entretanto, logo após a Primeira Guerra Mundial, a Organização Internacional do Trabalho (OIT) iniciou a promoção de um verdadeiro direito internacional do trabalho que, progressivamente, foi sendo aprovado e praticado por muitos países.

---

(116) RIVERO, J. *et al.* Ob. cit., p. 266-271; JAVILLIER, J. C. Ob. cit., p. 36-40.

Em nível da comunidade econômica europeia, os esforços de harmonização dos regimes nacionais do trabalho são impulsionados para mais adiante, porquanto as regras elaboradas no nível comunitário se impõem a todos os Estados-membros. Daí a grande importância das estruturas europeias para o direito do trabalho.(117)

Pode até parecer, à primeira vista, que é paradoxal querer dar soluções idênticas aos problemas do trabalho em relação à pluralidade de Estados. Assim, não seria utópico ou não seria contrário à natureza do direito do trabalho pretender-se legislar para tantos países?

Olhando por outro ângulo, encontramos outras considerações que conduzem em sentido contrário.

Com efeito, há concorrência entre Estados, em matéria de regime de trabalho, da mesma forma que a concorrência entre as empresas: um nivelamento das legislações sobre os menos avançados, as mudanças sociais expondo a riscos e prejuízos, em competição econômica, mas os Estados assegurando aos trabalhadores uma proteção eficaz. Pois, se os Estados mais avançados, no domínio social, são normalmente os mais poderosos na ordem econômica, então a concorrência dos países menos avançados na área social, como os do Sudeste da Ásia, faz pesar uma ameaça sobre o emprego e o nível de vida dos assalariados.

Acrescente-se também que o peso da opinião internacional e os órgãos nos quais ela se expressa sobre os governos nacionais, bem como a definição de princípios comuns, exercem um papel importante na melhoria dos regimes nacionais do trabalho.

Só para se ter uma ideia da influência da OIT para o mundo do trabalho, veja o seguinte quadro: já em 1936, 62 países eram membros da OIT e, atualmente, esse número abrange quase a totalidade dos países do mundo inteiro. Ademais, participam da OIT representantes dos países-membros, dos empregadores e dos empregados, destacando-se, portanto, o princípio do "tripartidarismo" sobre o qual se fundamenta a estrutura da OIT.(118)

Não se pode esquecer de que o movimento sindical ultrapassou as fronteiras nacionais, projetando-se e organizando-se em nível internacional.

As origens de regras idênticas para serem aplicadas em vários países remontam ao século XIX, primeiramente por diversas iniciativas privadas e, depois, por alguns governos. Esses esforços de harmonização desabrocharam em conferências internacionais (1890, 1905 e 1913), cujos resultados foram bastante limitados.

---

(117) RIVERO, J. *et al.* Ob. cit., p. 272.

(118) *Ibidem*, p. 273.

Registre-se também a criação, em 1901, de uma associação internacional para a proteção legal dos trabalhadores, meramente privada, mas que, especialmente pela ação do seu ofício internacional do trabalho, reuniu uma documentação abundante e se esforçou para formar uma opinião. Aliás, ela subsiste até hoje sob uma forma renovada.

Entretanto, a data mais importante para o direito internacional do trabalho é 1919, quando, no quadro da sociedade das nações (Tratado de Versailles — Parte XIII), criou-se a Organização Internacional do Trabalho (OIT). Nessa ocasião, foram definidos os princípios fundamentais em matéria de legislação social, os quais os Estados signatários se comprometeram a integrar no direito interno e a cumpri-los.

As relações entre a OIT e a ONU foram fixadas por um acordo de 30 de maio de 1946, o qual tornou a OIT uma instituição especializada das Nações Unidas, mas, conservando uma autonomia bastante ampla.

Por meio de outros acordos, foi estabelecida a colaboração da OIT com instituições especializadas, cujos objetivos completam os seus: Organização Mundial de Saúde, Unesco etc. A sede da OIT é em Genebra, Suíça.

À guisa de ilustração, vejamos um quadro apresentado pelo jurista Fábio Konder Comparato:

> Com a criação da Organização Internacional do Trabalho, em 1919, a proteção do trabalhador assalariado passou também a ser de uma regulação convencional entre os diferentes Estados. Até o início da 2ª Guerra Mundial, a OIT havia aprovado nada menos que 67 convenções internacionais, das quais apenas três não contaram com nenhuma ratificação. Várias delas, porém, foram ratificadas por mais de uma centena de Estados, como a Convenção n. 11, de 1921, sobre o direito de associação e de coalizão dos trabalhadores agrícolas (113 ratificações); a Convenção n. 14, de 1921, sobre descanso semanal nas empresas industriais (112 ratificações); a Convenção n. 19, de 1925, sobre igualdade de tratamento entre trabalhadores estrangeiros e nacionais em matéria de indenização por acidentes do trabalho (113 ratificações); a Convenção n. 26, de 1928, sobre métodos para fixação de salários mínimos (101 ratificações); e a Convenção n. 29, de 1930, sobre trabalho forçado ou obrigatório (134 retificações).[119]

A assembleia das Nações Unidas é que decide, em última instância, sobre matéria de trabalho e, por isso, é assistida pelo conselho econômico e social, de caráter permanente, sem poder de decisão, cujo papel essencial é animar

(119) COMPARATO, F. K. *A afirmação histórica dos direitos humanos*, p. 44-45.

e coordenar a ação das instituições especializadas, entre elas, a OIT. A Constituição da OIT é formada com base no Tratado de Versailles, parte XIII, como já aludimos acima.

A OIT é assim composta: os Estados que aderiram em 1º de novembro de 1945, os Estados-membros da ONU que aceitam a Constituição da OIT e também os Estados não membros da ONU que a OIT admite. Ou seja, a quase totalidade dos países.

A conferência institucional do trabalho é o órgão supremo de deliberação da OIT. Sua ação é preparada e acompanhada por um órgão permanente, de caráter administrativo: o Birô Internacional do Trabalho (BIT).

A missão desse Birô é tripla: a) informação e documentação; b) preparação das deliberações da conferência; c) ligação com os governos nacionais em vista de assegurar a execução das deliberações da conferência. O Birô pode, também, a pedido de um Estado, fornecer peritos para ajudar a resolver certos problemas internos, no aspecto de assistência técnica, o que ocorre com frequência.

Além disso, a OIT tem criado comissões consultivas especializadas para determinados problemas: trabalho dos jovens, construção civil, usinas etc. Promover também conferências regionais, limitadas aos problemas do trabalho em certo setor ou área geográfica: Ásia, América, Próximo ou Médio Oriente, Europa.

Na verdade, para atender aos objetivos que lhe são atribuídos, a OIT dispõe de meios jurídicos bastante limitados, conforme autoriza a situação atual da sociedade internacional.

Assim, a conferência internacional pode apenas adotar ou aprovar recomendações e convenções que cada Estado-membro ratificará ou não, conforme o seu ordenamento jurídico e, muitas vezes, dependendo de sua situação socioeconômica e política.

As recomendações são apenas orientações destinadas aos Estados-membros, cuja obrigação se restringe tão somente a comunicar aos seus órgãos específicos essas ditas recomendações e, posteriormente, informar ao BIT os passos que foram dados nesse sentido.

Quanto às convenções, há duas formas de controle para sua explicação: antes de qualquer coisa, ele pode ser posto em prática pelos próprios interessados e o procedimento é diferente, segundo o qual a OIT é provocada por um Estado (queixa) ou por uma organização operária ou patronal (reclamação). No segundo caso, o assunto ou a matéria pode tomar um caráter jurisdicional e terminar numa decisão da corte internacional de justiça.

No entanto, mais eficaz é o controle permanente, resultante da obrigação dos Estados de apresentarem um relatório anual sobre o modo como eles aplicam as convenções ratificadas por eles mesmos. Um comitê de peritos aponta aos interessados de uma parte e à assembleia de outra parte os casos de não aplicação.

Não se pode negar a amplitude de ações realizadas pela OIT, mas os resultados práticos, no mundo inteiro, não têm sido muito satisfatórios. Centenas de convenções já foram aprovadas e/ou ratificadas que cobrem praticamente todos os domínios do direito do trabalho, mas muitas delas continuam inaplicáveis ou descumpridas em muitos países e até mesmo em países ditos "desenvolvidos".

Apesar de todas essas dificuldades, a OIT tem cumprido um papel importante em relação ao direito do trabalho, não só tentando harmonizar as normas entre os países, mas, sobretudo, sempre trazendo à tona os problemas do trabalho e formando ou dando corpo à opinião pública mundial.

Sem dúvida a OIT exerce uma pressão moral sobre os Estados e torna mais difícil para eles manterem certas normas trabalhistas retrógradas. Por isso, são esses meios psicológicos indiretos que contribuem para que a OIT exerça um papel eficaz no progresso dos direitos do trabalho.[(120)]

6. *As instituições europeias relativas ao direito do trabalho*

Os diversos organismos, que procuraram dar à Europa certa coesão, quase sempre conduzem sua ação para questões sociais. É o caso da Organização Europeia de Cooperação e Desenvolvimento (OECDE) e do conselho da Europa que, por meio de um comitê social, elaborou dois documentos que apontaram a importância entre as fontes europeias do direito do trabalho: a carta social europeia (1961) e a convenção europeia dos direitos do homem.

Aliás, como assinalou Gerard Lyon-Caen, o direito do trabalho francês só evoluiu num quadro traçado pelo Tratado de Roma (1957), modificado pelo ato único (1986), Tratado de Maastricht (1992) e pelo Tratado de Amsterdã (1997), tendo sido instituída a Comunidade Europeial, que se tornou União Europeia. A interpretação das normas relativas a essa união cabe à corte de justiça das comunidades.[(121)]

Os órgãos principais da União Europeia são o conselho dos ministros — presidido por um membro de cada um dos governos participantes — e a comissão europeia, que partilha o poder de decisão. Essa comissão dispõe de um fundo de ação social que lhe permite intervir eficazmente em matéria de emprego.

---

(120) RIVERO, J. *et al.* Ob. cit., p. 274-279.
(121) LYON-CAEN, G. Ob. cit., p. 76.

Além da corte de justiça das comunidades europeias, que já citamos, existe também o Parlamento europeu que, mesmo eleito por sufrágio universal, tem atribuições limitadas.

A Constituição europeia, que era um dos objetivos há muito tempo sonhado, ainda continua sendo objeto de debate por vários países que integram a União Europeia, como, aliás, vimos anteriormente.

Segundo Nicolas Roussellier, essa força de união europeia não vem apenas do combate contra o nazismo ou de um espírito comum forjado no seio "das resistências" e dos governos no exílio. Ela veio de mais longe. Pode-se dizer que a construção de uma Europa unida se nutriu das ideias-forças:

a) uma aspiração econômica;

b) um projeto de natureza diplomática; e

c) um horizonte de experimentação política.[122]

Assim, impulsionada por essa força de união, a Europa conseguiu após a Segunda Guerra Mundial celebrar diversos tratados, importantes para a consolidação de um fortíssimo bloco econômico:

— Estatuto do Conselho da Europa (1949);

— Declaração de Schumam (9 de maio de 1952);

— Tratado de Ceca (1951);

— Os dois Tratados de Roma;

— Tratado da CEE e Tratado do Eunestom (1957);

— Tratado de Maastrich (1992).

Apesar das dificuldades e até mesmo de confrontos políticos entre alguns países, a Europa sempre seguia uma marcha, de certa forma, traçada. Assim, seja com aplausos ou com temores, a Europa deveria chegar a uma unidade de natureza supranacional. Com efeito, a Europa se situava e se situa hodiernamente em oposição frontal ao princípio do Estado-nação.[123]

Por tudo isso, não resta dúvida de que o direito comunitário europeu, além de harmonizar muitas normas trabalhistas entre os países-membros, vem contribuindo, cada vez mais, para a evolução do direito do trabalho na França.

Ressalte-se que as últimas grandes mobilizações na França que analisamos demonstraram que os trabalhadores e os jovens não permitem que a discriminação ou a desigualdade salarial volte a imperar.

(122) *L'Europe des traitès*, p. 7-9.

(123) *Ibidem*, p. 12-13.

Capítulo 9

O Direito de Greve no Direito Sindical Francês

1. O fenômeno da greve

A greve consiste numa cessação coletiva e articulada do trabalho em apoio a reivindicações ou, como preferem outros, serve para exercer pressão sobre o empregador (ou às vezes sobre os poderes públicos) com uma finalidade profissional.[124]

A greve é um instrumento de expressão e de defesa essencial para os trabalhadores. Ela perturba e prejudica de tal modo o empregador que o incita a negociar. No entanto, por outro lado, ela é também prejudicial ao trabalhador na medida em que a sua remuneração se reduz ou ele perde o emprego.

A greve também origina uma série de incômodos e transtornos para os clientes das empresas atingidas e mesmo para os usuários do serviço paralisado pela greve.

Não resta dúvida de que a greve manifesta a existência de um conflito coletivo de trabalho, mas, não se confunde com ele, pois a greve é apenas uma modalidade de conflito coletivo.[125]

A empresa é, muitas vezes, o lugar dos conflitos coletivos. Ora são os empregados que decidem fazer uma greve para levar o chefe da empresa a consentir ou atender a tal ou qual concessão, ora é o empregador que toma a iniciativa de um *lockout* para prevenir ou combater uma greve.

Esses conflitos que surgem dentro da empresa podem encontrar a sua solução pela intervenção de um terceiro ou, ordinariamente, por meio de uma

(124) TILLHET-PRETNAR, J. *Manuel de droit social*, p. 307.
(125) LYON-CAEN, G. *et al. Droit du travail*, p. 1069-1070.

negociação coletiva que permita a conclusão de um acordo na própria empresa.

Assim, o fenômeno da greve surge das relações do trabalho em decorrência dos conflitos coletivos entre o capital e o trabalho.

2. *Breve histórico da greve no direito sindical francês*

Antes de tudo, é importante distinguir entre coalizão e greve. A coalizão, no direito coletivo do trabalho, é uma reunião de pessoas da mesma profissão em vista de preparar uma suspensão coletiva do trabalho. Ela é apenas o ato preparatório da greve. Constitui a consequência habitual, mas não necessária.

Como já vimos anteriormente, a Revolução Francesa, que afirmava a liberdade do trabalho, proibiu, ao mesmo tempo, as coalizões.

A lei Chapelier de 27 de junho de 1791 punia "todas as tentativas de pessoas da mesma função que se reunissem para discutir seus interesses, recusar acordo ou só fazer acordo por um preço determinado, os apoios de suas indústrias ou de seus trabalhos". O delito de coalizão tornava impossível qualquer greve.

Todavia, enquanto os mesmos revolucionários reprimiam indiretamente qualquer coalizão, a lei de 22 de "*germinal* ou XI" (= sétimo mês do calendário republicano — 22 de março a 20 de abril do 11º ano) distinguia entre as coalizões operárias passíveis de três (3) anos de prisão e as coalizões patronais, reprimidas somente no caso de provocar injustamente o rebaixamento dos salários. Os arts. 414 e 415 do Código Penal francês eram consagrados à repressão do delito de coalizão.

Durante o século XIX, apesar da repressão, as coalizões e as greves, embora ilícitas, eram bastante frequentes. É a "prova de força" à margem do direito. São os fatos sociais que se sobrepõem às leis retrógradas ou ditatoriais que, cedo ou tarde, são substituídas por outras.

Assim, surgiu a lei de 25 de maio de 1864, que permitiu a liberdade de coalizões. Essa lei contém duas disposições básicas. Vejamos:

> 1) Ela aboliu o delito de coalizão, sob o argumento de que se o indivíduo isolado pode parar de trabalhar, também deve ser permitido aos indivíduos em grupo agir da mesma forma e, por outra razão, a livre discussão dos salários supõe a possibilidade para os empregados de se reunirem. Dessa forma, a coalizão passa a ser lícita.
>
> 2) No entanto, ela estabeleceu outro delito, que substituiu o de coalizão. Ela criou "o delito de dano ou de atentado à liberdade do

trabalho". Se, durante a greve, são realizados atos de ameaça, violência etc., os trabalhadores são fortemente reprimidos. A greve continua civilmente ilícita.

A própria jurisprudência francesa atribuía à greve um efeito de ruptura do contrato de trabalho. Esse posicionamento se manteve até a lei de 11 de fevereiro de 1950, que atribuiu à greve um simples efeito de suspensão do contrato de trabalho.

Durante a invasão alemã e sob o governo de Vichky, a greve foi terminantemente proibida. A lei de 24 de junho de 1936 submeteu os conflitos do trabalho à conciliação e à arbitragem diante de qualquer greve ou qualquer *lockout*.(126) A Constituição de 1946 estabeleceu que o "direito de greve se exerce no quadro das leis que o regulamentam" (art. 7º do preâmbulo). A greve passa a ser, então, um instrumento de defesa dos interesses profissionais e não mais um simples fato tolerado ou um fenômeno de força. É promovida à categoria dos direitos.

No entanto, tal dispositivo constitucional não foi regulamentado. O legislador ordinário apenas precisou quais eram os efeitos habituais da greve e fixou as regras específicas para as greves nos serviços públicos.

O art. L. 2511-1 do Código de Trabalho francês expressa esse entendimento: "A greve não rompe o contrato de trabalho, salvo em caso de falta grave imputável ao empregado. Toda demissão promovida em violação da primeira alínea do presente artigo é nula de pleno direito".

Outras normas legais seguem a mesma orientação, coibindo qualquer proce-dimento ou comportamento contrário ao exercício normal do direito de greve.(127)

Por conseguinte, sem uma regulamentação clara e precisa, coube às instâncias judiciárias e administrativas a tarefa de elaborar progressivamente o direito de greve, que é, essencialmente, um "direito jurisprudencial".

Por seu turno, o conselho constitucional orientou a ação legislativa. Ele impôs que o direito de greve deveria conciliar-se com outros direitos que tivessem também valor constitucional.(128)

3. Conceituação geral da greve

Durante muito tempo, a greve foi considerada como fenômeno de violência. No entanto, nas sociedades democráticas evoluídas, a greve foi

(126) TILLHET-PRETNAR, J. Ob. cit., p. 308.

(127) *Code du travail*, p. 721-742.

(128) LYON-CAEN, G. *et al.* Ob. cit., p. 1070-1071.

sendo concebida e aceita como uma liberdade coletiva necessária ou, ainda, como uma modalidade de defesa dos interesses profissionais em oposição ao poder de direção patronal.

Os sistemas jurídicos são divergentes e variáveis quanto à concepção da greve. Assim, para muitos, a greve continua um fato social que apenas é tratado com certa tolerância. Há pouco tempo ainda era tratada com uma falta no contrato de trabalho, mas, como vimos na Constituição de 1946, já foi revestida de imunidade, proibindo o empregador de punir sob qualquer forma o empregado grevista.

Entretanto, quando a Constituição francesa diz que a greve é um direito, deixa em aberto uma discussão: trata-se de um direito coletivo, cujo titular seria o sindicato? Na França, mesmo os direitos econômicos e sociais são direitos do indivíduo. O direito de greve é reservado tão somente para os empregados? A resposta é positiva, inclusive para os agentes públicos.

Com efeito, hoje, com o desenvolvimento do trabalho não assalariado, há necessidade de se remover os termos do debate. A Constituição visa expressamente a todos os cidadãos. Assim, poderia ou não haver uma greve de subempreiteiros, de fornecedores etc.?

Sem dúvida, a greve é uma insatisfação que se revela no domínio da ação, como meio de pressão para conseguir um objetivo bem determinado.[129]

Em alguns sistemas jurídicos, a greve é proibida e sujeita a sanções penais. Em outros, o direito penal pune alguns comportamentos que ocorrem no curso de uma greve.

Na Europa Oriental, prevalecia a proibição de qualquer greve sob o argumento de que não existia mais oposição de interesses entre a empresa "coletivizada" e os trabalhadores. Contudo, a prática vem desmentindo essa concepção, especialmente após a queda do muro de Berlim. Essa queda foi e é o símbolo da ruína do regime bolchevista.

Nos regimes totalitários, a greve sempre foi e é proibida. Há outras legislações em que somente algumas condutas são proibidas no curso da greve, como, por exemplo, os atos de violência cometidos.

Em outros países, como na França, o legislador julgou necessário criar uma incriminação especial: a greve é um entrave à liberdade do trabalho. Todavia, qualquer proibição ao direito de greve é considerada como não democrática.

A greve, sem dúvida, acarreta para os grevistas e para o sindicato uma grande responsabilidade na esfera civil, pois qualquer prejuízo trazido ao

---

(129) *Ibidem*, p. 1071.

empregador ou a terceiros pode causar indenizações ou reparações por parte dos mesmos.

Na França, o exercício do direito de greve é frequentemente regulamentado. A jurisprudência do conselho constitucional contém muitas orientações a esse respeito.

Na Alemanha, nos países do "Benelux"(130) e nos Estados Unidos a greve é proibida aos funcionários públicos e, no Japão, nos serviços públicos.

O procedimento para a deflagração da greve também varia de país para país. Assim, na Alemanha, somente os sindicatos podem deflagrar uma greve. Em geral, pelo voto da maioria, como no Reino Unido.

A prática do aviso prévio da greve, instituída nos Estados Unidos, estendeu-se para o direito europeu, mesmo não sendo obrigatória.

Na Alemanha, Grã-Bretanha, Itália e França, há uma tendência predominante de considerar lícitas apenas as greves profissionais, sendo consideradas ilícitas as greves políticas. Existe também outra tendência, mais radical, que taxa de ilicitude todas as greves ditas desleais ou abusivas. Em relação a essas, são frequentes as ações por responsabilidade civil, por perdas e danos etc.

Na América do Norte e na Alemanha, existe uma relação estreita entre greve e convenção coletiva. Só pode haver greve após a vigência de convenção coletiva e por ocasião da sua renovação. Tal argumento tem por finalidade preservar a paz no trabalho.

O sistema francês não admite tal condicionamento. Nem as convenções coletivas podem restringir o direito de greve. Os franceses condenam qualquer cláusula a esse respeito. Como já vimos anteriormente, na França, a greve apenas suspende o contrato de trabalho. No entanto, no Reino Unido, a greve rompe o contrato de trabalho. Participando da greve, os empregados são dispensados dos trabalhos, mas podem perder os seus direitos à remuneração se não houver acordo ou convenção coletiva. Se durante a greve houver falta grave por parte do empregado, esta pode justificar a ruptura do contrato de trabalho pelo empregador.

Agora, cabe a seguinte pergunta: como podem ser solucionados esses conflitos coletivos de trabalho?

Não resta dúvida de que a conciliação é o modo mais simples de resolver os conflitos que geram a greve. Em quase todas as legislações europeias, a conciliação é obrigatória. Na França, porém, a lei de 13 de novembro de 1982 suprimiu o caráter obrigatório da conciliação.

---

(130) Benelux: bloco econômico formado por Bélgica, Países-Baixos e Luxemburgo.

A intervenção da justiça para resolver imediatamente o conflito coletivo aparece, em geral, como mais prejudicial do que útil.

A arbitragem voluntária, frequente nos Estados Unidos e no Canadá, não é desejada nos países europeus, nem pelo patronato e nem pelos sindicatos.

Segundo Jeanne Tillhet-Pretnar, as greves são, em princípio, o exercício de um direito, mas elas podem, em razão de certas circunstâncias, tornar-se abusivas. No exercício de uma greve ilícita, os trabalhadores podem cometer uma falta grave.

Em síntese, a greve pode ser ilícita por seus próprios motivos ou objetivos:

> *a) Greves políticas* — são aquelas consideradas como intromissão nos assuntos políticos. A jurisprudência francesa considera que a greve política foge das reivindicações dos trabalhadores e causa desorganização das empresas, que não podem ser responsabilizadas e nem podem atender a reivindicações políticas. No entanto, essa jurisprudência tem sido mitigada quando a greve tem um caráter misto: objetivo econômico e político, como, por exemplo, ocorreu por ocasião da greve de maio de 1968.
>
> *b) Greves de solidariedade* — são aquelas que têm por objetivo defender os interesses de outros trabalhadores.

A licitude dessas greves permanece ainda muito controvertida. A jurisprudência, de modo geral, considera como lícita a greve de solidariedade profissional.

A greve também pode ser ilícita em virtude da violação de cláusulas das convenções coletivas, como as que proíbem paralisação do trabalho antes de realizar os procedimentos de conciliação previstos pela convenção coletiva.

Além disso, a greve pode ser ilícita pelos meios empregados. A greve que visa à desorganização da empresa é ilícita. A jurisprudência admite que certas greves sucessivas e paralisações repetidas são maculadas de faltas graves.[131]

Em relação ao serviço público, a greve, na realidade, prejudica mais os usuários do que a direção (a administração pública). É por isso que o legislador francês submeteu a greve no setor público a uma série de condições e restrições, conforme art. L. 2512-1 e seguintes do *Code du travail* que estabeleceu todos os procedimentos para que a mesma não seja ilícita ou ilegal.

---

(131) TILLHET-PRETNAR, J. *Manuel de droit social*, p. 310-312.

No entanto, na prática, por causa de uma série de fatores, a greve é mais largamente utilizada no setor público.[132]

Em resumo, o direito sindical francês estabelece pré-requisitos, condições e limitações para o exercício do direito de greve. Citaremos apenas algumas dessas condições:

a) O movimento de greve deve ser coletivo: a partir de 2 (duas) pessoas numa empresa quando a greve ultrapassa a própria empresa, uma vez que o movimento abrange outras empresas.

b) O empregado em greve deve paralisar totalmente o seu trabalho.

c) As reivindicações de ordem profissional devem ser expostas ou entregues ao empregador, no sentido de melhoria das condições de trabalho e/ou de salário.

d) No setor público, a comunicação da greve deve ser enviada cinco dias úteis antes (afora feriados e fins de semana) para as autoridades hierárquicas. No setor privado, essa comunicação prévia não é exigida.

e) A greve não tem uma duração legal. Ela pode durar menos de um dia como pode perdurar por vários meses.

f) O empregado não precisa ser sindicalizado para exercer o seu direito de greve.

Vejamos algumas restrições do exercício do direito de greve:

a) O serviço público precisa ter continuidade, não pode parar. O direito de greve não é reconhecido para os servidores ou funcionários da polícia, da administração penitenciária, das transmissões do Ministério do Interior, da magistratura ou das Forças Armadas.

b) As demais categorias do serviço público precisam garantir um "mínimo de serviço", sob pena de serem requisitados, como por exemplo, os trabalhadores da saúde, inclusive os profissionais liberais.

c) Deve ser respeitado o direito de propriedade. Eventuais depredações e atos danosos ao patrimônio privado ou público cometidos durante a greve são considerados como delitos e podem implicar ou ocasionar condenações penais, nos termos da lei.

d) Respeito à liberdade de trabalho dos não grevistas e do empregador. Os empregadores não devem fazer qualquer obstrução ao trabalho dos não grevistas, sob pena de incorrer no "delito de

(132) LYON-CAEN, G. *et al.* Ob. cit., p. 1073.

entrave". Também não podem impedir o acesso ao local do trabalho. Segundo a jurisprudência, basta uma porta aberta na empresa para provar que não há obstrução.

e) Existem formas ou tipos de greve que não são cobertas pelo direito de greve, tais como:

"greve de zelo": aplicação minuciosa das regulamentações para retardar ou diminuir o trabalho;

"greve sucessiva": por cada seção da empresa ou "greve polida", ocorre uma sucessão de diminuição ou interrupção do trabalho de um setor para os outros dentro da empresa;

"greve de caráter puramente político": que não contém nenhuma reivindicação profissional ou sobre as condições de trabalho.

Por oportuno, é bom relembrar que o empregador não tem o direito de despedir e nem de discriminar o empregado grevista pelo fato de exercer o seu direito de greve. A greve suspende o contrato de trabalho, mas não o rompe.

Nos itens subsequentes, procuraremos descrever sucessivamente a ação coletiva dos empregados e a reação dos empregadores em face da greve.

4. A GREVE COMO AÇÃO COLETIVA

Antes de tudo, a questão primeira que se coloca é a seguinte: quais são os titulares do direito de greve?

O preâmbulo da Constituição francesa de 1946 fala da greve de um modo geral. Todos os servidores públicos perguntaram-se se poderiam invocar o direito de greve.

Aqui, o legislador infraconstitucional teve de intervir para retirar ou excluir expressamente o direito de greve para certos funcionários e, mais tarde, para proibir certas modalidades de greve nos serviços públicos (lei de 31 de julho de 1963).

No entanto, os pilares dessa intervenção legal não impediram que a jurisprudência administrativa permanecesse a fonte principal das normas jurídicas referentes ao exercício do direito de greve.

Com efeito, a Constituição francesa de 1946 afirmou a existência de um direito de greve e, assim, obrigou o conselho de Estado a modificar a sua jurisprudência com relação aos serviços públicos.[133]

(133) LYON-CAEN, G. *et al.* Ob. cit., p. 1075.

Como já vimos anteriormente, algumas categorias de agentes públicos foram excluídas do direito à greve: militares, funcionários da polícia, pessoas da administração penitenciária, magistrados, pessoal do serviço das transmissões do ministério do interior, engenheiros dos estudos e da exploração da aviação civil.

Uma lei de dezembro de 1984 permitiu aos funcionários da aviação civil fazer greve, mas na condição de preservar um mínimo de serviço essencial ao usuário.

No setor privado, o legislador absteve-se de intervir. Existe uma controvérsia para saber se ele teve ou não teve razão. Com efeito, segundo alguns autores, ele tinha suas razões em virtude de que, no setor privado, a ordem pública não é afetada diretamente. Não existe lei regulamentando o exercício do direito de greve. As normas, então, são ditadas pelos juízes. As convenções coletivas não podem impor obrigações que seriam controvérsias aos empregados no exercício do seu direito constitucional.

A regulamentação só pode vir por meio da lei e não das parcerias sociais.

Do seu lado, o juiz administrativo decide que, na falta de regulamentação legal do direito de greve, cabe aos chefes de serviço público fixar, sob o controle do juiz, as limitações a serem opostas ao direito de greve, a fim de se evitar um uso abusivo ou contrário às necessidades da ordem pública ou aos serviços essenciais da nação.(134)

O direito de greve coloca ao juiz um duplo problema de enquadramento jurídico: de um lado, ele é a garantia do direito constitucional de greve, mas, de outro, é preciso limitar, restringir, o exercício do direito de greve é conciliá-lo em relação aos direitos de igual valor.

A jurisprudência tem usado dois métodos para traçar a fronteira entre o que é permitido e o que é proibido.

O primeiro método consiste em usar a definição jurídica de greve, distinguindo entre as ações coletivas que são juridicamente greves e aqueles que não o são. Esse primeiro método permite ao juiz desqualificar certos movimentos, que não sendo definidos como greve serão analisados como "faltas".

Na França, a partir da Constituição de 1946, a definição do direito de greve oscilou na jurisprudência, como se verifica nas seguintes expressões:

> "Modalidade de defesa dos interesses profissionais";
>
> "Cessação organizada do trabalho em vista de apoiar reivindicações profissionais já determinadas, às quais o empregador se recusa a dar uma resposta";

---

(134) *Ibidem*, p. 1076-1077.

"Suspensão organizada do trabalho (...) com a finalidade de obter uma melhoria das condições de trabalho".

Assim, esse primeiro método de julgar a greve é bastante restritivo ou regressivo, porquanto a definição decorre do que o juiz entende por "permitir" ou "defender". Ora, tal método pode até mesmo fugir do senso comum e querer julgar um movimento grevista não à luz do direito de greve, mas excessivamente à luz do direito disciplinar.

O segundo método utilizado pela jurisprudência consiste em partir do exercício do direito de greve. Assim, em face de uma ação coletiva que tem a natureza jurídica de uma greve, a questão que se coloca é se ela apresenta uma utilização normal ou, ao contrário, anormal do direito de greve.

A jurisprudência judiciária e administrativa é convergente em considerar que:

> O reconhecimento do direito de greve não poderá ter como consequência excluir as limitações que devem ser atribuídas a este direito como a qualquer outro, em vista de se evitar um uso abusivo ou contrário às necessidades da ordem pública.[135]

Ora, em qualquer hipótese, uma greve não pode ser desconsiderada como "greve". Ela poderá ser legal ou ilegal, mas greve ela é. Além disso, a greve deve ser considerada no seu conjunto, no seu todo, e como tal é que deve ser julgada.

5. A definição do direito de greve

Toda forma de greve, em princípio, é lícita. Na falta de texto legal ou regulamentar, as decisões judiciais têm sido no sentido de que a greve não pode ser considerada, em princípio, ilícita. No entanto, percebe-se que a noção jurídica de greve é mais estreita que a prática de greve dos trabalhadores. Daí, porque, em geral, os juízes desqualificam os movimentos coletivos que não se enquadram nessa noção.

A justiça francesa tem uma concepção bastante rígida e defensiva da ordem pública, à qual os demais direitos devem submeter-se, particularmente o de greve. A greve, então, à luz da norma jurídica, constitui uma suspensão coletiva do trabalho para apoio às reivindicações dos grevistas.

No setor privado, a suspensão coletiva do trabalho pode surgir sem procedimento prévio, pouco importando seu momento, sua espontaneidade, sua duração, sua amplitude, seu lugar. Assim, não há necessidade de se

(135) *Ibidem*, p. 1078.

esperar o resultado do procedimento de conciliação, nem mesmo o aviso prévio. No setor público, como já vimos, é diferente. Há pré-requisitos que deverão ser cumpridos.

Entretanto, mesmo no setor privado, a jurisprudência tem exigido que, pelo menos, as reivindicações tenham sido formuladas e entregues ao empregador. Os trabalhadores não são obrigados a aguardar a resposta positiva ou negativa do empregador. Nem mesmo as convenções coletivas podem impor o respeito ou o cumprimento de um aviso prévio de greve. Os trabalhadores não precisam de qualquer formalidade para deflagrar a greve. Greve "surpresa" é greve legal. Exercício do direito de greve, direito constitucional.

No setor público, a greve "surpresa" é proibida. O art. L. 2512-2 do Código do Trabalho dispõe que a cessação organizada do trabalho deve ser precedida de um aviso prévio. Esse aviso prévio deve, necessariamente, ser dado ou entregue pelos sindicatos mais representativos (cujo conceito já foi visto em capítulo anterior). O aviso prévio deve conter e especificar os motivos, o lugar, a data e a hora do início da greve, bem como sua duração, por tempo determinado ou indeterminado.

O prazo do aviso deve ser de cinco dias úteis antes da deflagração do movimento grevista. No entanto, nada impede que sejam dados vários avisos prévios, se a greve for retardada. O aviso prévio deve ser endereçado à autoridade hierárquica ou à direção do estabelecimento, da empresa ou do organismo oficial interessado. Durante o referido prazo, a autoridade responsável deve negociar com os representantes dos grevistas.

No setor privado, a greve é decidida pelos trabalhadores. É a greve não sindical. Não obstante, passa o sindicato a acompanhar e orientar. A jurisprudência é pacífica nesse sentido.

No setor público, todavia, a ordem deve emanar de uma organização sindical. Tal procedimento nem sempre acontece. Daí a frequência das chamadas "greves selvagens".

No setor privado, a greve de breve duração é lícita, mesmo que seja sucessivamente repetida. O que não pode é tal tipo de greve causar uma desorganização completa da empresa, sob pena de ser considerada abusiva.

A greve pode ser minoritária ou parcial. Para sua validade, não é necessário que a greve interesse ou abranja todos os trabalhadores da empresa.

Após várias decisões que pareciam contraditórias, a corte de cassação francesa estabeleceu um princípio geral sobre essa questão: "Uma paralisação do trabalho não perde o caráter de uma greve pelo simples fato de não ter observado a maioria do pessoal".[136]

Por conseguinte, a greve pode ser limitada a uma categoria de pessoal, a uma oficina ou a um serviço, mesmo que acarrete prejuízo a outros setores da empresa. Não é permitido o *lockout* geral (greve *bouchou*). Esse tema será examinado e aprofundado mais adiante. A licitude desse tipo de greve se justifica porque cada setor ou seção da empresa pode ter suas próprias reivindicações. No entanto, pode ocorrer a greve atingindo alternadamente uma categoria e, depois, outra, ou uma oficina e, depois, outra. É a greve "tournante". A jurisprudência tem admitido esse tipo de greve, exceto quando possa causar uma desorganização completa da empresa.

Entretanto, no setor público, esse tipo de greve é vedado pelo art. L. 2512-3 do Código do Trabalho, com se verifica literalmente:

> Em caso de encerramento organizado do trabalho das pessoas mencionadas no art. L. 2512-1 (servidores públicos), a hora do encerramento e do retorno ao trabalho não podem ser diferentes pelas diversas categorias ou pelos diversos membros do pessoal interessado.[137]

Há também a greve por ocupação do lugar de trabalho. É a greve *sur le tas*: ocupação dos lugares de trabalho. Assim, em vez de ficarem em casa, os trabalhadores podem decidir permanecer ocupando os seus lugares de trabalho, pelo menos durante a jornada. Esse tipo de greve não pode ser confundido com uma reunião. Ele supõe um agrupamento de trabalhadores em seus lugares de trabalho, visando a serem atendidos em suas reivindicações específicas.

Uma questão se levanta: qual pode ou deve ser o objeto das reivindicações?

Pouco importa. A jurisprudência apenas exige que sejam feitas reivindicações profissionais não satisfeitas pelo empregador. A greve profissional lícita não é somente aquela que visa a obter aumento de salário, mas também aquela que objetiva obter melhores condições de trabalho ou obrigar o empregador a cumprir suas promessas; ou ainda aquela greve feita para se opor à despedida de um representante do pessoal ou a uma demissão coletiva e para defender o emprego em geral.

A corte de cassação havia primeiramente negado a licitude da greve em geral, mas, hoje, ela entende que a participação em um dia geral de protesto "por salários e por aposentadorias" pode abrigar-se sob o direito de greve.

---

(136) LYON-CAEN, G. Ob. cit., p. 1081.
(137) *Code du travail*, p. 745.

Quanto à greve de solidariedade, a questão que se levanta é a seguinte: pode-se fazer greve para defender os interesses profissionais de outros trabalhadores? Será que a greve só é lícita se destinada apenas a um empregador que pode atender e fazer concessões a seus empregados?

No caso da greve de solidariedade intensa dentro de uma empresa, a jurisprudência distingue dois tipos de situação:

a) A greve é de *pura solidariedade,* ou seja, os grevistas não apresentam reivindicações deles mesmos. Eles apenas defendem um companheiro de trabalho. A greve é ilícita quando tem por finalidade apenas protestar contra a dispensa de um empregado. No entanto, será lícita se a dispensa era irregular desde o início da greve.[138]

b) Os grevistas, defendendo outros companheiros, apresentam também suas próprias reivindicações. Nesse caso, a greve é lícita, sem precisar verificar se a dispensa é regular ou irregular.

No caso da greve de solidariedade extrema, a câmara criminal tem julgado a greve não abusiva, como, por exemplo, greve geral "por emprego, poder de compra" ou mesmo "pela defesa do direito sindical". Na realidade, afirmando a licitude dessas greves, a câmara criminal retira-lhes o caráter de "greve de solidariedade". Com efeito, em participando de tal tipo de greve, os trabalhadores, sem dúvida, estão também defendendo os seus próprios interesses e não os interesses dos outros.[139] Nesse caso, os trabalhadores não podem ser punidos e nem mesmo obrigados a repor ou recuperar o dia da greve trabalhando.

Ressalte-se, por oportuno, que uma particularidade do sistema francês é justamente considerar válida a greve originada de um conflito jurídico ou de interpretação que poderia ser levada à justiça. Sob esse aspecto, pode-se dizer que fica a concepção da greve como "extremo remédio".

Assim, também as greves para cumprimento de convenções coletivas são tidas como regulares e lícitas, porque o direito de greve não está subordinado nem mesmo à negociação coletiva. Portanto, o direito de greve se inclui tanto nos conflitos de reivindicações econômicas quanto nos conflitos de interpretação jurídica.

A jurisprudência francesa, quanto ao direito de greve, tem se inspirado principalmente no direito constitucional e mesmo quando o conteúdo das reivindicações não está bem claro e expresso, a greve não é considerada ilícita

---

(139) LYON-CAEN, G. *et al.* Ob. cit., p. 1084.

(139) *Ibidem*, p. 1084-1085.

ou uma "simples agitação". Entretanto, a jurisprudência tem excluído dessa definição jurídica de greve alguns movimentos coletivos, como se constata na seguinte decisão:

> O direito de greve permite ao empregador suspender, sem ruptura, o seu contrato de trabalho, mas não o autoriza, sob a proteção desse direito, a exceder seu trabalho em condições diferentes daquelas previstas pelo contrato de trabalho ou praticadas na profissão.[140]

Tal fórmula aplica-se ou enquadra-se na greve *perlée*, que não é uma suspensão pura e simples do trabalho, mas uma "sucessão de retardamentos do trabalho em diferentes seções de empresas".[141]

Aplica-se também à greve de solidariedade, quando ela não se vincula a um interesse coletivo dos empregados, bem como a certas formas de ações operárias qualificadas como exorbitantes do direito de greve, como recusa de executar suas obrigações, autossatisfação das reivindicações etc.

As consequências de uma greve ilícita são muito graves para os trabalhadores que participam dela. A corte de cassação já decidiu que tal tipo de greve não se enquadra nas disposições do Código do Trabalho.

Em sendo assim, os empregadores poderão demitir os empregados "grevistas" ou aplicar-lhes outras sanções disciplinares.

6. O exercício do direito de greve

A greve é o exercício de um direito. O trabalhador grevista não pode, em razão da greve, perder o seu emprego. Entretanto, o direito de greve é ainda mal protegido contra os danos que lhe são atribuídos. Por isso, o empregado que não prestar serviço durante a greve poderá ser privado do seu salário, principalmente se não houver acordo ou convenção coletiva

Com efeito, em sendo a greve lícita, o grevista preserva seu emprego. Somente uma falta grave pode levar o grevista do setor privado ou público a ser demitido, ou seja, perder o emprego.

O art. L. 2511-1 do Código do Trabalho: "O exercício do direito de greve não pode justificar a ruptura do contrato de trabalho, salvo falta grave imputável ao empregado".[142]

Tratando-se de exercício regular do direito de greve, o empregador não pode tomar nenhuma sanção disciplinar contra o grevista, muito menos dispensá-lo. Até mesmo o regulamento interno da empresa é suspenso

(140) *Ibidem*, p. 1086-1087.

(141) *Dictionnaire encyclopédique Larousse*, p. 718.

(142) *Code du travail*, p. 721.

durante a greve. O empregador também não poderá tomar medidas discriminatórias em matéria de remuneração e de vantagens sociais.

Se a greve é lícita, o empregador não poderá demitir um grevista, sob pena de nulidade. Porém, anteriormente a Corte de Cassação só punia essa dispensa com a concessão de uma indenização e não por uma reintegração indireta. As leis de 3 de fevereiro de 1985 estabeleceram que a dispensa de um grevista, na ausência de falta grave, é nula de pleno direito e que implica a sua reintegração imediata (art. L. 2512-4 e seguintes).[143]

A dispensa em relação ao simples exercício do direito de greve é civilmente irregular, constituindo uma falta civil.

Portanto, os sindicatos podem perfeitamente reclamar perdas e danos pela violação da greve, porquanto essa violação fere os interesses coletivos da profissão.

O exercício do direito de greve não é protegido pela lei penal. A sua violação não constitui, por si só, uma infração penal. Entretanto, se o prejuízo ao direito de greve constitui, ao mesmo tempo, um prejuízo ao livre exercício do direito sindical, é passível de uma sanção penal. Casos exemplificativos são a punição aos sindicalizados após a greve ou a transferência de um sindicalista após a greve.

Existem ainda as consequências indiretas para os trabalhadores que participam de uma greve. A relação de subordinação entre empregado e empregador fica suspensa durante a greve. Assim, o empregador não responde mais por danos causados a terceiros pelo empregado. O acidente sofrido pelo empregado não é considerado como acidente de trabalho ou de percurso e não é coberto pela seguridade social.

O empregado grevista ainda pode ter as suas férias diminuídas, os dias de repouso perdidos ou, mesmo se adoecer durante a greve, não será beneficiado pelo regime convencional de pleno salário. Aplica-se o regime de greve. Diferentemente se ele adoecer antes da greve, não sofrerá essas consequências. Como o contrato de trabalho é sinalagmático, a suspensão do trabalho acarreta a suspensão correlativa da obrigação de pagar o salário.

Essa consequência não é uma sanção irregular, mas um efeito de suspensão de trabalho e se aplica mesmo no caso de greve lícita. A retenção do salário deve ser estritamente proporcional à duração da interrupção do trabalho.

Se a greve, porém, é irregular, os tribunais entendem que a retenção do salário pode ser igual ao prejuízo causado, ou seja, mais que proporcional à duração de interrupção do trabalho.

---

(143) *Ibidem*, p. 741-742.

A regra é diferente para o não grevista. Este tem direito ao salário pleno, a não ser que o empregador comprove o motivo de força maior em razão do qual a empresa não pode funcionar.(144)

Contudo, há exceções quanto ao não pagamento do salário para o grevista:

a) Quando um acordo põe fim à greve, mas com a obrigação do pagamento dos dias parados; e

b) Se a greve foi provocada por uma falta grave do empregador em relação as suas obrigações, ferindo diretamente os direitos essenciais dos trabalhadores, como, por exemplo, o direito à seguridade. Tal regra vale também para o setor público, se o serviço mínimo foi efetuado.

Os sindicatos, de modo geral, promovem campanhas de ajuda aos grevistas. O prejuízo de remuneração é, muitas vezes, compensado pelas ajudas, oriundas de coletas ou de fundos sindicais. No entanto, os recursos sindicais na França, como já vimos, são bastante escassos, ao contrário de outros países como Alemanha e Estados Unidos.

7. *Os direitos do empregador em face da greve*

O empregador tem diversos direitos em face de um movimento grevista, assim como o responsável pelo serviço público (o administrador público). Segundo os autores, eis alguns desses direitos:

a) Despedir aqueles que cometeram uma falta grave ou participaram de uma greve irregular (= poder disciplinar).

b) Assegurar a continuidade da atividade, fazendo trabalhar os não grevistas e contratando em subempreitada.

c) Recorrer, em certos casos, ao fechamento dos locais de trabalho (= poder de direção).

d) Apelar para a justiça requerendo a expulsão dos ocupantes dos locais de trabalho, invocando a responsabilidade dos grevistas ou do sindicato de eles realizarem uma greve ilícita.

e) Apelar, às vezes, para a Justiça Penal.

f) Utilizar os meios de comunicação, inclusive a internet, para esclarecer e convencer o público atingido de que tal greve é ilícita ou ilegal.

---

(144) LYON-CAEN, G. *et al.* Ob. cit., p. 1094-1095.

Na verdade, será o julgador que, em qualquer esfera ou instância, fará respeitar a autoridade hierárquica ou patronal, mas, ao mesmo tempo, deve assegurar o pleno exercício e o pleno efeito do direito constitucional de greve (*sic*).[145]

O direito sindical francês é muito explícito quanto ao poder disciplinar por parte do empregador. Esse poder está previsto pela lei quando os grevistas cometerem faltas graves. Com efeito, os grevistas que cometerem faltas graves podem ser dispensados, conforme estabelecido no art. L. 2511-1 do Código do Trabalho. Todavia, cada caso pode ter suas peculiaridades e sanções diferentes.

Assim, a falta grave não acarreta, por si só, a ruptura do trabalho. Ela constitui somente um motivo de rescisão do contrato.

O empregador, por seu lado, deve seguir o procedimento de dispensa e o procedimento disciplinar estabelecido pela lei de 4 de outubro de 1982, caso queira pôr fim à relação contratual com o trabalhador grevista. No entanto, se o grevista é representante do pessoal ou representante sindical, o empregador é obrigado a respeitar o procedimento especial de demissão.

Por outro lado, a falta grave do grevista, justificadora da dispensa, justifica *a fortiori* as sanções disciplinares menos graves, como, por exemplo, transferência ou mudanças de atribuições, suspensão por um determinado período ou advertência.

Apesar de tudo que já vimos sobre falta grave, a lei francesa não é muito clara e precisa a respeito da definição do que seja realmente falta grave. Algumas regras gerais podem ser deduzidas a partir das decisões dos tribunais:

a) A falta grave é pessoal: é grave somente aquela que é direta e pessoalmente imputável ao empregado. Ela é independente de outras faltas que podem ser atribuídas aos trabalhadores em greve.

b) A falta grave é de tal modo demonstrada que a insubordinação ativa e autorizada não pode justificá-la, ou seja, a falta grave foge aos parâmetros da greve. Alguns exemplos: atos contra a integridade física das pessoas, contra o direito de ir e vir, contra a liberdade de trabalhar ou ainda atos de depredação voluntária de material e de mercadorias. Caso concreto de falta grave durante uma greve: um motorista recusar-se a devolver um veículo que ele havia guardado em sua casa.[146]

c) A falta grave pode também ser constituída pela participação numa greve ilícita ou abusiva ou num movimento que não se enquadre na definição de greve, como já vimos alhures. Assim, quando a greve

(145) *Ibidem*, p. 1106.
(146) *Ibidem*, p. 1108.

não tem como objetivo modificação ou melhoria das condições de trabalho, então ela é considerada ilícita e abusiva. No entanto, se a greve tem caráter político, mas visando também a melhorias para a classe trabalhadora, aí a participação nela não pode ser considerada ilícita. No setor público, a violação do pré-aviso de greve não pode ser tratada como falta grave.

No caso de não existir falta grave, quais as sanções possíveis ou prováveis contra os empregados? Na doutrina, alguns autores entendem que nenhuma sanção pode ser atribuída aos grevistas que não cometeram falta grave. Outros doutrinadores sustentam que "se a sanção disciplinar mais grave, ou seja, a dispensa supõe uma falta grave imputável ao empregado em greve, sanções mais suaves podem ser imputadas em razão de faltas mais leves".

Após algumas hesitações, a corte de cassação francesa definiu: "Um empregado grevista não pode ser dispensado ou punido em vista de um fato cometido por ocasião da greve na qual ele participa, a não ser que esse fato seja constitutivo de uma falta grave".[147]

Por outro lado, os empregadores têm utilizado meios e artifícios para desestimular os trabalhadores a participar de greves. São os chamados "prêmios de assiduidade", os quais os sindicatos apelidaram de "prêmios antigreve".

Não resta dúvida de que tal procedimento é um meio de punir, sem dizer, a participação dos trabalhadores numa greve. Além disso, constitui-se num artifício habilidoso para dividir os empregados, uma vez que os prêmios de assiduidade são bastante vantajosos e tentadores.

Acrescenta-se a tudo isso que, na medida em que, por qualquer motivo, o empregado faltar ao trabalho, ele vai perdendo o direito ao prêmio numa escala proporcional. Ora, em sendo assim, a tendência de muitos empregados é no sentido de não participar de qualquer greve com receio de perder o referido "prêmio de assiduidade" ou "prêmio antigreve".

Até recentemente, a jurisprudência francesa admitia a licitude das cláusulas de redução do prêmio de assiduidade, aplicando, então, os princípios do direito contratual. No entanto, em se aplicando as regras do sinalagma contratual, os juízes tomaram o cuidado de estabelecer que o empregador não viesse a infligir a seus empregados qualquer sanção ou serviço, mesmo indireto, por estes terem exercido o seu direito de greve.

Uma lei de julho de 1978 (art. 2511-1 do Code du Travail) estabeleceu que o direito de greve não poderia servir de pretexto ou motivo para que o empregador tomasse qualquer medida discriminatória em matéria de

(147) *Ibidem*, p. 1109.

remuneração e de vantagens sociais. Tal lei veio somente confirmar o que a justiça já vinha decidindo à luz da Constituição francesa. Por conseguinte, os empregadores não podem reduzir o "prêmio de assiduidade" em virtude do direito de greve.

Nos serviços públicos, funcionando um "serviço mínimo", os não grevistas podem ser mais numerosos, porque estão impedidos de fazer greve em virtude da característica indispensável de sua tarefa.

Após 1963, somente a lei pode dizer e limitar as categorias de agentes autorizados a fazer greve. Os empregados grevistas têm direito à remuneração se, pelo menos, assegurarem um serviço mínimo por solicitação do responsável ou em virtude de um acordo.

O empregador não pode contratar outro trabalhador, por tempo determinado, para substituir um grevista. Proibição do art. L.1247-1 do Código do Trabalho.(148) A lei proíbe também o empregador contratar em caso de conflito coletivo (art. L. 1251-11).(149)

Todavia, nos serviços públicos, a continuidade do serviço permite que o responsável pelo serviço recrute pessoal temporário, em circunstâncias excepcionais, a fim de assegurar um funcionamento mínimo.

Em razão da greve, o empregador não pode obrigar ou tentar recuperar os prejuízos, na conformidade dos arts. L. 1132-2, L. 1242-6 e L. 1251-10.(150)

No entanto, o empregador pode prever ou acertar com as organizações sindicais que as horas perdidas serão, no todo ou em parte, recobradas após a jornada normal de trabalho, sendo essas horas suplementares pagas com o devido acréscimo.

Por outro lado, se o empregador realiza o *lockout*, quais são as consequências? Antes de tudo, em que consiste o *lockout*? De modo geral, o *lockout* é definido como o fechamento temporário de uma empresa por iniciativa do empregador: consiste em uma resposta patronal a uma greve.(151)

Por meio do *lockout*, o empregador visa exercer uma pressão sobre os empregados e evita pagar os salários aos não grevistas. A lei francesa não reconhece o *lockout* como um direito do empregador. Assim, o *lockout* é considerado como uma falta em relação às obrigações contratuais do empregador. No entanto, a jurisprudência não considera *lockout* quando a empresa fechou por força das circunstâncias e não por vontade do empregador.

---

(148) *Code du travail*, p. 317.

(149) *Ibidem*, p. 324.

(150) *Ibidem*, p. 13, 297, 323.

(151) *Dictionnaire encyclopédique*, p. 924.

Em caso de *lockout*, o empregador é obrigado a pagar as horas ou os dias perdidos pelo empregado. O *lockout* pode ser defensivo, preventivo ou de represália — daí dizer que o *lockout* pode ocorrer concomitante a uma greve, ser anterior ou posterior a ela. *Lockout* concomitante é defensivo. Uma greve parcial envolvendo algumas categorias não constitui um imperativo técnico que justifique o fechamento total da empresa. O *lockout*, nesse caso, é uma medida de pressão, tendente a prolongar a suspensão do trabalho além da greve, criando uma divisão no pessoal ao prejudicar diretamente os não grevistas. Ora, se a greve é lícita, o *lockout* nessa situação é ilícito.

Segundo Gerard Lyon-Caen, para o empregador, nesses casos, o melhor é recorrer ao "último recurso do diálogo" e não usar de uma "manobra insólita, protelatória, perigosa". A resposta normal a uma greve é a discussão das reivindicações, não uma decisão "unilateral" e apressada.[152]

O *lockout* anterior é preventivo e também pode ser agressivo ou de intimidação, opondo-se ao defensivo. Nesse caso, sem justificativa para o *lockout*, o empregador será obrigado a pagar os salários perdidos.

O *lockout* posterior é qualificado como medida de represália à greve. Ora, se a greve é lícita, tal comportamento do empregador é faltoso e punível. Nesses casos complicados, o poder de decidir o retorno ao trabalho se exerce sob o controle dos tribunais.

O *lockout*, ato irregular, não dispensa seu autor, o empregador, de pagar os salários àqueles que forem impedidos de trabalhar. Pergunta-se então: o fechamento de uma empresa pode ser justificado em face de uma greve? Pode, sim, na seguinte situação: quando esse fechamento não resulta de uma intervenção deliberada, mas de um constrangimento sofrido ou imposto sobre o empregador. Nesse caso, ele seria dispensado de pagar as horas e os dias não trabalhados.

No entanto, a simples desorganização da empresa em decorrência de uma greve não pode justificar o fechamento da empresa, a não ser na medida em que ela constitui uma situação constrangedora impondo o fechamento.

A jurisprudência mais recente tem decidido do seguinte modo:

> O empregador que, logo após um movimento grevista, procede ao fechamento da empresa, deve juntar a prova de uma situação constrangedora de tal natureza que o desobrigue de fornecer trabalho a seus empregados.[153]

Existem outros motivos que podem justificar o fechamento da empresa em razão de uma greve, tais como força maior, ordem e segurança. Entretanto,

(152) LYON-CAEN, G. Ob. cit., p. 1118.
(153) *Ibidem*, p. 1119-1121.

para invocar algum desses motivos, o empregador há que comprovar que tudo fez de sua parte para evitar o fechamento. Caso contrário, terá de arcar com o pagamento de todas as suas obrigações trabalhistas, particularmente com relação aos não grevistas.

A legislação francesa é bem precisa com relação às responsabilidades referentes aos danos ou prejuízos decorrentes de uma greve, seja ela lícita ou ilícita, bem como em relação ao *blackout* causado pelo empregador. Assim, dependendo dos atos cometidos, podem ser processados, civil e penalmente, os grevistas, os representantes dos trabalhadores e os próprios sindicatos envolvidos, especialmente quando as convenções coletivas estão sendo objeto de descumprimento, seja por parte do empregador, seja por parte dos trabalhadores.[(154)]

Atualmente, a intervenção judicial se impõe seja por provocação das partes, seja por requerimento do Ministério Público. Portanto, o exercício do direito de greve, no direito francês, é plenamente respeitado, e nenhuma outra norma infraconstitucional pode criar-lhe qualquer impedimento ou constrangimento. A sua regulamentação leva em conta o respeito aos outros direitos constitucionais de igual valor.

Por conseguinte, o exercício do direito de greve tem como norma fundamental o direito constitucional e somente outro direito de igual valor balizará esse exercício do direito de greve.

8. *Polêmica atual sobre o exercício do direito de greve*

Atualmente, existe uma grande polêmica a respeito de uma nova lei de greve que o governo francês enviou à assembleia nacional. Esse projeto de lei dispõe sobre os serviços mínimos que devem ser observados pelos grevistas em setores que devem ser considerados vitais para a coletividade, como o serviço de transporte público e outros.

Tal medida já existe em relação às instalações nucleares e hospitais públicos. Porém, o receio dos sindicalistas é de que tal medida se estenda também para os trabalhadores de rádio, televisão e educação.

Em resumo, o referido projeto de lei estipula que, em caso de greve em transporte público, os trabalhadores serão obrigados a trabalhar três horas pela manhã e três horas pela tarde. Além disso, cada trabalhador do setor de transporte deverá comunicar sua vontade de parar com dois dias de antecedência. E ainda: se a greve durar mais de uma semana, será obrigatório ratificar a continuidade das paralisações mediante voto secreto.

---

(154) *Ibidem*, p. 1121-1128.

O primeiro-ministro, François Fillon, pretende que a lei também se aplique aos educadores de escolas e outras instituições educacionais.(155)

Diante de toda essa situação, os sindicalistas franceses já começaram a se movimentar contra o referido projeto de lei e prometem mobilizar todos os trabalhadores contra o projeto governamental.

Assim, mais uma vez, haverá um confronto entre os trabalhadores mobilizados e o governo francês, semelhantemente ao que ocorreu em 1968 e, mais recentemente, em 2005.

Por oportuno, ressaltamos que, no decorrer desta nossa pesquisa, procuraremos atualizar esses dados tanto sobre o posicionamento do governo francês quanto sobre as mobilizações e contestações dos trabalhadores franceses em face do projeto de lei que limita e restringe o exercício do direito de greve.

Por outro lado, na medida do possível, acompanharemos a tramitação dos projetos de lei no congresso brasileiro que digam respeito ao exercício do direito de greve.

(155) Disponível em: <www.elpai.com/articulo/internacional/Sarkozy/planta/cara/sindicato/franceses/elep> Acesso em: 1º.8.2007.

Capítulo 10

Convergências e Divergências entre o Direito Sindical Francês e o Direito Sindical Brasileiro

1. *Breve introdução*

Como se verifica facilmente, o tema acima parece bastante abrangente e pretensioso, mas o leitor há de compreender que o autor se limitará, certamente, aos resultados e reflexões de suas pesquisas, deixando, assim, uma larga margem e espaço para críticas e complementações (que serão bem-vindas).

Quando começamos a estudar o direito sindical francês, e na medida em que penetramos no âmago das questões, um cenário comum se descortinava a nós: os conflitos entre capital e trabalho, seja na França, seja no Brasil ou em qualquer outro país, fizeram com que os trabalhadores se revoltassem, se mobilizassem e se organizassem de vários modos e de diversas formas. Assim, poderíamos dizer que tal comportamento ou procedimento classista é "a grande convergência" — a partir da qual cada modelo sindical tomou o seu rumo, dependendo sempre da conjuntura econômica, social e política de cada país.

Por isso, quando falamos em convergência ou divergência entre os modelos sindicais, precisamos ter o cuidado de não exagerar na comparação. Já diz o brocardo latino: "toda comparação é manca". Portanto, ao dizermos que tal ponto do modelo sindical francês "converge" ou "diverge" do modelo sindical brasileiro, estaremos apenas indicando pontos gerais comuns, ou diferentes, sem esquecer de suas peculiaridades.

Sobretudo, não se pode olvidar de que o movimento sindical francês historicamente se iniciou bem antes do sindicalismo brasileiro, sendo aquele, bem como o britânico, fruto de muitas lutas operárias durante os séculos XVIII e XIX. Ressalte-se que a Revolução Francesa, apesar das restrições, contribuiu para a eclosão de muitos movimentos libertários...

2. Antecedentes históricos

É claro que o sindicalismo europeu e, no caso particular, o modelo sindical francês possuem antecedentes históricos, os quais remontam a priscas eras, como já demonstramos no trabalho que fizemos chamado "O modelo sindical brasileiro: propostas para a reforma".(156)

Entretanto, o modelo sindical brasileiro teve as suas raízes no sindicalismo moderno, que se iniciou com a Revolução Francesa e a Revolução Industrial. Essa matriz é comum, sem dúvida, a todo o sindicalismo ocidental.

Para uma visão histórica mais ampla relativa às origens e à evolução do sindicalismo brasileiro, citamos e recomendamos a obra *As formações das tradições*, em três volumes, organizada por Jorge Ferreira e Daniel Arão Reis, que compreende o período de 1989 a 1964.

A França e o Brasil passaram pelas diversas fases que marcaram o sindicalismo operário, mas em épocas bem diferentes. Assim, enquanto na França os trabalhadores, a partir do século XIX (1884-1901), já podiam criar legalmente sindicatos, ou seja, já estavam na fase de aceitação pelo Estado, no Brasil os sindicatos ainda se encontravam na fase da perseguição violenta. Com lentidão e sob rígido controle do governo, o sindicalismo brasileiro foi passando para a fase de tolerância e, posteriormente, para a fase de aceitação pelo Estado (Decreto n. 979/1903, Decreto n. 1.637/1907 e Decreto-lei n. 4.5-452/1943).

Segundo Rodrigues Pinto:

> Isso também coincide com nossa tese de ter o direito do trabalho, no Brasil, experimentado um atraso evolutivo de cerca de século e meio, em comparação com seu desenvolvimento no velho continente, onde se originou.(157)

O Brasil, pelas primeiras normas legais acima citadas, deu preferência ao sindicalismo rural (Decreto n. 979/1903) e, só depois, ao sindicalismo operário (Decreto-lei n. 1.637/1907). Na França, ao contrário: deu-se preferência ao sindicalismo operário, ao sindicalismo da indústria, onde os conflitos e as lutas eram constantes.

---

(156) Monografia final do curso de pós-graduação *lato sensu* do núcleo Mascaro e Mannrich. São Paulo, 2003.

(157) RODRIGUES PINTO, J. A. *Direito sindical e coletivo do trabalho*, p. 54.

Em relação às organizações nacionais e internacionais, o sindicalismo francês foi um dos pioneiros. Assim, em 1847, cria-se a comissão central europeia de trabalhadores; em 1864, cria-se a Associação Internacional dos Trabalhadores (AIT), representando milhares de trabalhadores.

No Brasil, apesar de toda repressão, os trabalhadores conseguiram criar, em 1908, a Confederação ou Central Operária Brasileira (COB).

Ressalte-se que, enquanto na França as organizações nacionais de trabalhadores eram permitidas (desde 1895-1902), no Brasil, a sua formação e o seu funcionamento eram rigorosamente proibidos, especialmente no período getulista.

Quanto à questão partidária, as organizações sindicais francesas sempre se manifestaram pela autonomia do próprio movimento sindical em relação a todo e qualquer partido político, como vimos alhures. No entanto, essa posição não exclui as tomadas de posição e a prática de seus dirigentes, que pertencem a diversos partidos políticos.

No Brasil, nunca foi e não é diferente quanto a esse aspecto. Mas por outro lado, há, ou pelo menos houve, uma grande diferença: o governo interferia de tal forma no movimento sindical que os seus líderes poderiam ser punidos até com a perda de cargo ou mesmo com a prisão, se fizessem pronunciamento contra o regime ou contra qualquer autoridade. Na França, nunca se chegou a esse exagero a não ser em casos excepcionais sobre delitos penais por meio de decisões judiciais.

A Alemanha invasora, como se viu anteriormente, tentou impor à França o modelo sindical nazifascista, mas os franceses não o aceitaram, pois o modelo sindical tomou outro rumo.

Ao contrário, o modelo sindical brasileiro, não obstante os avanços teóricos da CF/1946, estacionou no corporativismo sindical estatal (CLT/1943). Além disso, a introdução do sindicato por "categoria" deixou a critério do Executivo a definição de vários tipos de sindicato. Contudo, não resta dúvida de que o conceito ou o termo "categoria" foi introduzido no direito sindical brasileiro mediante influência predominante do modelo sindical italiano, cristalizado na *Carta del Lavoro* de 1927.[158] Antes, porém, vários termos foram usados.

Como é sabido, aqui no Brasil, o Decreto n. 1.637, de 1907, empregou a palavra "profissão" ou "profissionais" em vez de "categoria". Já o Decreto n. 19.770, de 1931, utilizou o termo "classe", sem, no entanto, desprezar a expressão "profissões idênticas, similares ou conexas". O Decreto n. 24.694, de 1934, considerava o sindicato como "órgão de defesa da respectiva profissão e interesses profissionais de seus associados". O Decreto n. 1.402, de 1939,

(158) AROUCA, J. C. *Repensando o sindicato*, p. 422.

também definiu sindicato como "(...) a associação para fins de estudo, defesa e coordenação dos seus *interesses profissionais* (...)".[159] Entretanto, foi o art. 138 da Carta de 1937 que estabeleceu categoricamente:

> Somente o sindicato regularmente reconhecido pelo Estado tem direito da representação legal dos que participarem da categoria de produção para que foi constituído e de defender-lhes os direitos perante o Estado e as outras associações profissionais, estipular contratos coletivos de trabalho, obrigatórios para todos os seus associados, impor-lhes contribuições e exercer em relação a eles funções delegadas de Poder Público.[160]

A lei sindical de 1937 também utilizou e consagrou a expressão "categoria profissional". A Constituição brasileira de 1988 emprega o termo "categoria" de modo geral (art. 8º).

No entanto, quanto à liberdade sindical, reside a divergência fundamental entre os dois modelos: enquanto, na França, a liberdade sindical e o pluralismo sindical avançavam, no Brasil, o Estado controlava, a ferro e fogo, o movimento sindical (tanto no período getulista quanto no período da ditadura militar), confinando-o na unicidade sindical e nas grades da organização sindical piramidal.

3. Formação do direito do trabalho

O movimento sindical francês, apesar de suas inúmeras divisões e cisões, nunca deixou de lutar pelas conquistas em nível coletivo. A formação da frente popular fez surgir um novo direito social (1936), que se constituiu num marco importante em direção à regulamentação das relações coletivas de trabalho.

No Brasil, por esse tempo, o movimento sindical, não obstante a euforia em relação à Constituição de 1934, era torpedeado e esvaziado pelo Estado Novo e, logo depois, pela nova Constituição de 1937, que veio confirmar e ratificar todo o corporativismo a respeito do modelo sindical brasileiro.

Assim, enquanto na França, por meio da carta do trabalho de 1941 e da Constituição de 1946, o direito sindical foi impulsionado, no Brasil, o governo getulista impunha o corporativismo, o imposto sindical, o enquadramento sindical etc. Como sabemos, a Constituição brasileira de 1946, sem dúvida influenciada pelos anseios democráticos do pós-guerra, não conseguiu modificar o direito coletivo e a organização sindical, permanecendo apenas em normas genéricas (art. 158), mas sem regras práticas ou infraconstitucionais para concretizá-las.

---

(159) *Ibidem*, p. 421.
(160) *Ibidem*, p. 422.

Nesse quadro, na França surge também a política de nacionalização, reservando-se aos trabalhadores um lugar na gestão das empresas nacionalizadas. Já no Brasil, o governo getulista preocupou-se em criar algumas empresas estatais, mas, aos trabalhadores só restou a representação por meio do sindicato corporativista, sob severa vigilância do regime repressivo.

Na França, a securidade social passa a ser um serviço público relevante, mas, no Brasil, apenas são criadas algumas caixas de assistência. Mesmo assim, em ambos os países, o direito social divide-se em dois grandes ramos: o direito previdenciário e o direito coletivo. É importante assinalar que o direito sindical francês preocupou-se, num primeiro momento, em regulamentar as convenções coletivas e os conflitos coletivos de trabalho (1936 e 1950), mas, depois, o Estado se afasta, deixando que os atores sociais, empregadores e empregados, negociem e convencionem sobre as suas reais necessidades (1958).

No Brasil, como sabemos, os conflitos coletivos eram resolvidos por intermédio do Ministério do Trabalho ou pelo poder normativo da Justiça do Trabalho, principalmente pela Justiça do Trabalho, por meio dos dissídios coletivos. Frise-se que essa prática ainda continua no Brasil, não obstante a mitigação trazida pela Emenda Constitucional n. 45/2004.

Na França, o período que se estende de 1960 a 1970 passa por enorme ebulição social, com greves e mobilizações de milhares de pessoas e de movimentos sociais, fazendo com que se tomasse consciência de que o movimento sindical é fator importante para as relações coletivas de trabalho e para a pacificação social.

No Brasil, apesar da forte repressão do regime militar pelo golpe de 1964, o movimento sindical foi de suma importância para a organização dos trabalhadores e da sociedade, como um todo.

4. Crise do sindicalismo

Hoje, uma análise fria e objetiva constata claramente que o enfraquecimento do movimento sindical começou a ocorrer na década de 1970/1980, na mesma proporção em que ocorria a globalização ou a mundialização dos mercados ou da economia.

Isso aconteceu tanto na França quanto no Brasil, iniciando-se mais intensamente na França e, posteriormente no Brasil, impulsionando no sentido da desregulamentação ou flexibilização das normas trabalhistas.

Aqui, nem precisamos repetir as leis e decretos, tanto na França como no Brasil, que flexibilizaram os direitos trabalhistas para tentar reduzir o desemprego e dar o máximo de facilidades às empresas, pois essas normas jurídicas já foram citadas anteriormente.

No Brasil, essa situação não foi e não é tão diferente. Ainda estamos surpresos com a rapidez da flexibilização de algumas normas da CLT, todas visando facilitar às empresas a contratação de mão de obra mais barata para um custo menor na despedida sem justa causa.

A começar pelo governo Collor de Mello, as leis trabalhistas, ou melhor, os direitos trabalhistas foram atacados sob o pretexto de que estavam encarecendo o custo final dos produtos. No governo FHC, houve até mesmo a tentativa de fazer prevalecer o negociado sobre o legislado, mediante modificação do art. 618 da CLT, retirado em 2004 da pauta do congresso nacional pelo governo Lula. Todavia, ainda hoje os liberais tentam, de uma forma ou de outra, precarizar o contrato de trabalho, pretendendo reduzi-lo a um simples contrato cível.

Diante de toda essa situação, o movimento sindical francês, apesar de toda a sua tradição de luta, não conseguiu resistir e nem ter um programa concreto em face da globalização da economia e precarização do emprego.

No Brasil, pior ainda: como sabemos, a maioria dos sindicatos vivia e ainda vive no "corporativismo pago pelo Estado" e os poucos sindicatos combativos (como, por exemplo, metalúrgicos, bancários, petroleiros, urbanitários) foram ou são obrigados a fazer acordos com perdas salariais ou de vantagens para salvaguardar direitos sociais mínimos adquiridos por meio de diversas lutas.

No Brasil, diversas normas jurídicas flexibilizaram também os direitos trabalhistas. Apenas para ilustrar, citemos algumas: art. 7º da CF/1988, inciso VI, XIII e XIV; Lei n. 9.601/98 (banco de horas); art. 59 da CLT que foi modificado pela MP n. 2.164, de 24.8.2001.

Não resta dúvida de que um ponto crucial que permanece conflitual no direito contemporâneo é o liberalismo econômico frente aos direitos fundamentais dos trabalhadores. É certo que o legislador subtraiu, pelo menos em grande parte, ao controle da administração esse direito, mas que, no caso específico da França, ainda encontra nos juízes os guardiões vigilantes desses direitos sociais, especialmente os direitos trabalhistas.[161]

No Brasil, não obstante o espectro da flexibilização sobre os trabalhadores, percebe-se também uma forte reação dos magistrados trabalhistas em sentido contrário. Consequência de todo esse cenário já conhecido: dessindicalização, enfraquecimento e retrocesso da militância. Foi o que ocorreu e ainda ocorre tanto na França como no Brasil.

(161) LYON-CAEN, G. Ob. cit., p. 22.

Essa crise do sindicalismo francês e do brasileiro não é isolada, ela é globalizada. Na União Europeia (UE), por exemplo, ela foi tão intensa que os sindicatos de vários países se organizaram, por meio de suas confederações, para criar meios e condições de enfrentá-la.

No Brasil, o sindicalismo não escapou dessa crise. Porém, aqui, a maioria dos sindicatos não depende dos sócios para sobreviver. Depende apenas da contribuição sindical compulsória, que arrecada, por ano, milhões de reais dos trabalhadores e empregadores para sustentar a pirâmide sindical corporativista.

Assim, o que se verifica, na prática, além da onda de desemprego, é o fato de que as negociações coletivas, sem mobilização e sem pressão das bases, retrocedem a patamares e a reajustes salariais jamais antes imaginados.

Por conseguinte, o movimento sindical ainda não responde corretamente aos efeitos maléficos da multinacionalização das empresas e do distanciamento dos centros de decisão no sistema capitalista. Alguns sinais de resposta positiva são ainda lentos, mesmo nos planos europeu e mundial.

No Mercosul, os sindicalistas têm dado alguns passos para enfrentar essa situação, seja participando das comissões instituídas em nível dos Estados-membros, seja realizando seminários e congressos regionais. No entanto, percebe-se que o movimento sindical, como um todo, não tem um programa ou um plano de lutas para enfrentar ou, pelo menos, minimizar os nefastos efeitos da globalização da economia.[162]

Alguns sindicatos mais fortes economicamente investem em atividades ou eventos de grande magnitude, como shows, sorteios de todo tipo, festivais, colônias de férias, assistência médico-odontológica etc., a fim de segurar ou angariar mais sócios ou, pelo menos, dar a impressão de que fazem alguma coisa.

5. Liberdade sindical

É aqui, neste ponto, que reside, sem dúvida, a grande divergência — "a divergência fundamental" — do modelo sindical francês com o modelo sindical brasileiro.

---

(162) Por "globalização", entendemos, aqui, o que define o economista Paulo Sandroni: "Termo que designa o fim das economias nacionais e a integração cada vez maior dos mercados, dos meios de comunicação e dos transportes. Um dos exemplos mais interessantes do processo de globalização é o *global sourcing*, isso é, o abastecimento de uma empresa por meio de fornecedores que se encontram em várias partes do mundo, cada um produzindo e oferecendo as melhores condições de preço e qualidade naqueles produtos que têm maiores vantagens comparativas". *Novíssimo dicionário de economia*, p. 265.

Com efeito, como já vimos anteriormente neste trabalho, a liberdade sindical na França — fruto de muitas lutas trabalhistas — é o fundamento de toda a organização sindical. O princípio basilar ainda é o de 1884: "Os sindicalistas podem se constituir livremente" (*Code du Travail*, arts. L. 402-2 e L. 412-2).

O sindicalismo brasileiro, ao contrário do francês, nesse particular, sempre foi vinculado, amordaçado e controlado pelo Estado. Não é que os trabalhadores não lutaram pela liberdade sindical. Sempre lutaram, mas o Estado foi bem mais forte, dominou-o e estruturou-o a tal ponto que o sindicato passou a ser uma entidade "paraestatal", colaboradora do Estado.

Como vimos exaustivamente, a CF/1988, apesar de alguns avanços quanto à autonomia sindical, permanece capenga, porquanto preservou a unicidade sindical e o imposto (contribuição) sindical. Porém, mais lamentável é que muitos dirigentes sindicais e alguns partidos ditos de esquerda se posicionaram contra a plena liberdade sindical, sob o falso pretexto de que "os empregadores é que controlariam esses sindicatos 'livres'".

Além disso, o Brasil nem sequer ainda ratificou a Convenção n. 87 da OIT sobre a liberdade sindical, principalmente em virtude desse conservadorismo e reacionarismo das lideranças sindicais, tanto de empregados quanto de empregadores.

A Constituição Federal de 1988 — não obstante ter dado um razoável avanço quanto à questão sindical —, em virtude de fatores políticos adversos, não deu o grande salto que seria a plena liberdade sindical — pressuposto indispensável para a autonomia coletiva dos grupos em vista da negociação coletiva.

Com efeito, assim reza o inciso I, do art. 8º, da Constituição Federal de 1988:

> Art. 8º É livre a associação profissional ou sindical, observado o seguinte:
>
> I — *a lei não poderá exigir autorização do Estado para a fundação de sindicato, ressalvado o registro no órgão competente, vedadas ao Poder Público a interferência e a intervenção na organização sindical*. (grifamos)

Sem dúvida, esse comando constitucional desmoronou ou derrogou aquele arcabouço legal anterior, que submeteu os sindicatos ao total controle do Estado.

Contudo, logo em seguida, o legislador constituinte, contraditoriamente com o comando anterior, preservou a unicidade sindical, ou seja, a estrutura sindical, piramidal e arcaica, que todos conhecemos.

Assim, reza o inciso II do referido art. 8º:

II — é vedada a criação de mais de uma organização sindical, em qualquer grau, representativa de categoria profissional ou econômica, na mesma base territorial, que será definida pelos trabalhadores ou empregadores interessados, não podendo ser inferior à área de um Município.

O legislador constituinte perdeu uma grande oportunidade de instituir no Brasil a plena liberdade sindical. No entanto, sob o pretexto de que a pluralidade só beneficiava os empregadores, muitos parlamentares, inclusive alguns da esquerda, foram contrários. Assim, 269 constituintes rejeitaram a emenda referente à pluralidade, contra 78 votos favoráveis e 6 abstenções.(163)

Na França, a liberdade sindical, em face do empregador ou da empresa, é protegida por uma rede de normas legais, como analisamos em páginas anteriores, especialmente as leis que cominam, com severas penalidades, os denominados "atos antissindicais". Certas cláusulas convencionais protetoras também são inseridas nas convenções ou acordos coletivos de trabalho.

No Brasil, nem sequer existe uma lei sobre os atos antissindicais. Os próprios dirigentes sindicais são ameaçados, perseguidos, às vezes transferidos ou despedidos, sob qualquer pretexto e nem sempre conseguem ser reintegrados. Não há uma lei que impeça ou reprima os atos arbitrários e discricionários do empregador.

No Brasil, ainda não existe uma lei sobre os atos antissindicais. A própria estabilidade provisória do dirigente sindical de vez em quando é ameaçada pelo empregador sob o pretexto de "qualquer justa causa" com o ajuizamento de inquérito judicial. Não é fácil, na Justiça do Trabalho, conseguir uma liminar de reintegração do dirigente sindical. Quanto aos demais trabalhadores, despedidos, por exemplo, após um movimento paredista, quase nada se pode fazer, porque não há lei que impeça esse ato discricionário do empregador. Nem de longe há qualquer norma penal sobre essa matéria. Recentemente, os trabalhadores e seus advogados têm se utilizado da ação por danos morais contra os atos e procedimentos abusivos e humilhantes dos empregadores.

O movimento sindical francês faz campanha sistemática e persistente de sindicalização. Praticamente, toda a sua renda depende das contribuições dos sócios. Existe até uma lei, como vimos antes, que proíbe e sanciona qualquer ato que atente contra a liberdade sindical, seja por parte do empregador, seja por parte do sindicato.

No direito sindical brasileiro, a começar pela CF/1988, ninguém é obrigado a se sindicalizar, mas, na prática, muitos dirigentes sindicais criam artifícios ou facilidades para os trabalhadores que se dispuserem a ser sócios e a colaborar com a renovação da mesma diretoria sindical, inclusive conseguindo trabalho ou emprego em empresas "parceiras"...

---

(163) AROUCA, J. C. *Repensando o sindicato*, p. 113.

Quanto aos trabalhadores que não são sócios e que criticam a inércia, a omissão ou o descompromisso do sindicato com a categoria, esses dirigentes sindicais não os levam em conta, uma vez que, como já dissemos, as contribuições compulsórias compensam a falta de sindicalização.

O movimento sindical brasileiro, de um modo geral, não faz campanha intensiva ou massiva de sindicalização, porque ainda dispõe da famigerada contribuição (imposto) sindical obrigatória. Além disso, muitos dirigentes sindicais só se preocupam com aqueles sócios que os elegem e os mantêm sempre na diretoria do sindicato.

Na França, é livre o exercício do direito sindical dentro da empresa. Foi a lei de 27 de dezembro de 1968, hoje consolidada no art. L. 402-1 do Código do Trabalho francês, que assegurou esse direito: os trabalhadores podem organizar-se livremente em todas as empresas.

Não se pode esquecer de que, naqueles anos, a agitação social, política e revolucionária percorria também toda a América Latina. No Brasil, por exemplo, a geração dos anos 1960 jamais se esquecerá dos famigerados Atos Institucionais do regime militar, que se implantou mediante o golpe de 1964 e que ceifou a vida de centenas de jovens idealistas por uma pátria livre e soberana do jugo do imperialismo. Lá na França, como aqui no Brasil, aquela agitação trouxe alguns resultados positivos para o movimento sindical como um todo.

No Brasil, com raras exceções, os empregadores não permitem que o sindicato se organize dentro das empresas. Não há lei que obrigue o empregador a aceitar essa organização. Apenas o art. 11 da CF/1988 assegura um representante para cada 200 empregados dentro da empresa.

Na prática, essa figura do representante é pouco utilizada e quase sempre é a diretoria do sindicato quem faz as intermediações entre empregados e empregadores.

6. Organização sindical

A organização do sindicato francês, pelo que descrevemos no capítulo 4, sempre foi e é muito livre, não existindo nem mesmo condições restritivas de capacidade. Basta o exercício de uma profissão e a similitude das profissões exercidas. Mesmo quando o Estado proibia a sindicalização dos funcionários públicos, estes se organizavam e se filiavam às centrais operárias. A lei de 19 de outubro de 1946 não só permitiu o direito de sindicalização como também o de filiar-se às confederações existentes. Somente os militares não podem criar sindicatos (lei de 13 de julho de 1972), mas existem sindicatos na polícia e na magistratura (leis de 1983 e 1984).

No Brasil, a OAB não interfere na vida sindical, mas não aceita bem a atuação do sindicato dos advogados quando este pretende ajuizar uma ação em nome da categoria ou de parte da categoria.

Em relação à profissão, deve-se atentar para uma gradação entre os seguintes termos: identidade, similitude e conexidade. O que os separa é o que separa o sindicalismo de ofício do sindicalismo de indústria. A ligação que existe é a constituída pelo vínculo ao mesmo ramo da indústria. A lei diz que os membros de um mesmo sindicato concorrem ao estabelecimento de determinados produtos. É o produto, e não o ofício ou função que define, então, a profissão. Assim, poderão fazer parte de um mesmo sindicato os operários de uma fábrica de construção de automóveis, mesmo que suas profissões sejam diversas. Porém, ao contrário, em relação aos profissionais que têm interesses distintos, tais como médicos e farmacêuticos ou ainda trabalhadores metalúrgicos ou químicos, há o liame de conexidade que será manifestamente insuficiente para a criação de um mesmo sindicato.

Nesse sentido, a trajetória do sindicalismo brasileiro foi um pouco diferente. Da parte dos trabalhadores, a organização começou pelo ramo de atividade (indústria, agricultura). Da parte do Estado, a organização foi totalmente imposta, controlada e sustentada pelo corporativismo.

A divisão em categorias dispersou mais ainda e fragmentou a união dos trabalhadores. As centrais sindicais eram proibidas. Até a CF/1988, os funcionários públicos (servidores) não podiam criar sindicato. Ainda hoje, os militares não podem, já a polícia civil pode constituir sindicato.

Antes, no Brasil, as centrais sindicais não tinham legitimidade *ad causam* na justiça, mas tão somente personalidade jurídica civil. Não obstante, participavam, em nível político, de diversos organismos nacionais e internacionais.

A Lei n. 11.648/2008 reconheceu formalmente as centrais sindicais, que logo comentaremos.

Os objetivos do sindicato francês e do sindicato brasileiro, de modo geral, são convergentes ou comuns. No entanto, há uma diferença muito importante a se fazer: é que aquele defende os direitos e os interesses, individuais e coletivos dos sócios, enquanto que o sindicato brasileiro pode e deve defender os direitos e os interesses dos integrantes da categoria que representa.

Em termos concretos, o sindicato brasileiro tem uma ampla representação legal, enquanto que o francês tem uma representação legal mais restrita. No entanto, no que se refere à legitimidade, concluímos que o sindicato francês é mais legítimo e autêntico que o brasileiro. A nosso ver, a liberdade sindical, amparada por normas jurídicas contra os atos antissindicais, constitui a âncora dessa legitimidade e autenticidade do sindicato francês.

Quanto às formalidades para a criação do sindicato, deixamos de lado os procedimentos de praxe. É importante ressaltar que, no direito sindical francês, não se exige o "registro" ou o "reconhecimento" do sindicato. O que existe, como vimos alhures, é o depósito dos estatutos na administração municipal para efeito de publicidade. Daí nasce a sua personalidade jurídica.

No Brasil, como sabemos, a aquisição da personalidade jurídica é essencial para que o sindicato possa, pelo menos, atuar como associação civil e, ainda, para atuar perante a Justiça do Trabalho. Por exemplo, para ajuizar ação coletiva ou dissídio coletivo, necessita do registro no Ministério do Trabalho. No Brasil, apesar de a CF/1988 (art. 8º) estabelecer que não pode haver intervenção do poder público na administração do sindicato, o STF decidiu que os sindicatos têm ainda a obrigação de serem registrados no MTF, além de registrar os estatutos no cartório de títulos e documentos.

Sendo o sindicato uma sociedade democrática mediante a "lei da maioria", os seus associados podem controlar a sua atuação e a sua administração por meio das assembleias gerais. Assim, na França, os sócios têm bastante participação e influência decisiva nas assembleias e reuniões, principalmente porque os sindicatos dependem, quase que exclusivamente, das suas contribuições. No Brasil, infelizmente, a situação é diferente, como vimos, em razão da contribuição sindical compulsória.

A organização sindical francesa reserva um lugar para os representantes das correntes minoritárias, enquanto que, no Brasil, não há esse espaço, pois os dirigentes sindicais não abdicam do monopólio da administração, chegando até mesmo a um autoritarismo sectário, como se fossem os "donos" ou proprietários da entidade.

Na França, o trabalhador se associa ao sindicato por meio de uma simples carta de adesão e tem obrigação de pagar mensalmente a contribuição, sob pena de exclusão do quadro de associado. O empregador não pode proceder o desconto em folha de pagamento.

No Brasil, como sabemos, a filiação é feita, muitas vezes, por meio da própria empresa (mas isso quando o sindicato é "bem-visto" pelo empregador) e, se o empregado resistir, pode até perder o emprego. Os descontos podem ser feitos na folha de pagamento ou nos contracheques.

Como vimos, a lei francesa permite a formação dos líderes sindicais e o empregador não pode se opor, sob pena de sanções.

As questões ou litígios referentes à organização sindical são decididas na França pela justiça em 1ª instância e, em havendo recurso, pela corte de cassação, que tem uma larga jurisprudência sobre a organização sindical.

No Brasil, como é sabido, até há pouco tempo, a Justiça Comum é que decidia os conflitos internos do sindicato. Porém, agora com a Emenda

n. 45/2004, a competência passou a ser da Justiça do Trabalho, que é muito mais especializada em questões sindicais do que a Justiça Comum.

7. Representatividade sindical

A representatividade foi e é um tema bastante polêmico, seja no modelo sindical francês, seja no modelo sindical brasileiro.

No entanto, na França, a questão da representatividade é muito importante e determina o poder e as atribuições de um sindicato. Como já vimos nesta pesquisa, existem critérios legais para se determinar a representatividade do sindicato.

Antes, os critérios legais para determinar a representatividade sindical eram os seguintes: o número de sócios, a independência, as contribuições, a experiência e a antiguidade do sindicato e até mesmo a sua atitude durante a ocupação nazista por parte da Alemanha.

Atualmente, como já vimos, a lei de 20 de outubro de 2008 estabeleceu novos critérios: respeito aos valores republicanos, a independência, a transparência financeira, antiguidade mínima de dois anos, audiência de eleitores, influência pelas atividades e experiência e os efetivos de filiados e contribuições.

No Brasil, não ocorre dessa maneira. Para que o sindicato seja representativo, basta cumprir as formalidades relativas à unicidade sindical e à categoria profissional ou econômica. Garantida a representação legal, a maioria dos dirigentes não se importa que o sindicato seja desconhecido e fique distante dos integrantes da categoria. Acomodam-se com a contribuição sindical compulsória e o desconto das mensalidades sindicais em folha de pagamento das respectivas empresas patronais.

A jurisprudência francesa, notadamente da corte de cassação e do conselho de Estado, muito tem contribuído para clarear o que realmente significa uma representatividade autêntica do sindicato. No Brasil, tem-se uma experiência ao inverso: a justiça consolidando, muitas vezes por meio de liminares, sindicatos que, na prática, não têm nenhuma representatividade. Pelo menos do ponto de vista da política sindical, não se pode e nem se deve confundir "representatividade sindical" com a mera "representação legal".

No modelo francês, a representatividade e a legitimidade estão estreitamente umbilicadas. No modelo brasileiro, a representatividade (ou a representação) depende apenas da lei, sem critérios para definir essa representatividade, porque o nosso modelo não adota o pluralismo sindical, como na França.

8. Ações sindicais junto ao poder executivo e ao poder judiciário

Na introdução do capítulo 7 desta pesquisa, vimos qual a missão e os objetivos do sindicato francês.

Em tese, os objetivos dos sindicatos na França são o estudo e a defesa dos direitos, bem como dos interesses materiais e morais, tanto coletivos como individuais, das pessoas integradas através de seus estatutos.

No Brasil, como se sabe, esses objetivos não são diferentes, mas como ainda não se tem uma lei sobre organização sindical, cada sindicato, a seu bel-prazer, inclui, em seus estatutos, até mesmo formas ou modalidades de participação ou atuação em diversos tipos de atividades sociais e políticas. Na França, ao menos pelas normas legais, esse tipo de atuação é mais restritivo, mas, na prática, os dirigentes sindicais fazem as suas opções políticas e ideológicas. Tal procedimento não diverge do posicionamento dos dirigentes sindicais brasileiros.

O sindicato, tanto na França como no Brasil, é um pessoa jurídica de direito privado. Desde 12 de março de 1920 que a lei atribui ao sindicato francês uma ampla capacidade jurídica, mesmo assim depois de muitas controvérsias doutrinárias e jurisprudenciais.

Quanto ao exercício do direito de greve, existe uma particularidade no direito sindical francês. Como vimos alhures, o direito de greve não pertence ao sindicato, mas aos empregados, embora o sindicato possa conduzir a greve. No Brasil, o sindicato é que convoca, orienta e conduz os empregados para discutir e deliberar sobre o direito e sobre a deflagração da greve.

Na França, a partir de 1968, a lei de 28 de dezembro garantiu aos trabalhadores o direito de se organizar e de constituir sessões sindicais dentro das empresas, o que antes só se verificava por meio de acordos coletivos ou com a própria empresa.

Como vimos anteriormente, no Brasil, e só para relembrar, não há lei que obrigue o empregador a aceitar a organização sindical dentro das empresas, salvo apenas algumas atividades permitidas por meio de convenções ou acordos coletivos. O art. 11 da CF/1988, que autoriza um representante dos trabalhadores por cada grupo de 200 trabalhadores na empresa, tornou-se "letra morta" pois, na prática, ainda permanece como "representante" o "delegado sindical de base", que, no entanto, não pode fazer reunião ou propaganda dentro da empresa.

Como analisamos anteriormente, os sindicatos franceses sempre defenderam os seus representados tanto nos Conselhos de Prud'Hommes, como na corte de cassação. No Brasil, não foi diferente.

No direito francês, o sindicato só representa na justiça os seus associados, enquanto que, no Brasil, o sindicato pode representar todos os integrantes da categoria respectiva. Porém, afora o dissídio coletivo, poucos sindicatos utilizam-se de ações coletivas para defender os trabalhadores.

O Ministério Público do Trabalho é quem tem mais se utilizado desse instrumento processual para defender os direitos e interesses coletivos e difusos na área trabalhista.

Ressalte-se, porém, que o direito sindical francês é o único onde os sindicatos podem ajuizar ações penais, além de ações públicas e outras. No Brasil, os sindicatos apenas podem denunciar ao Ministério Público atos ou atividades praticados pelos empregadores que estejam, de algum modo, prejudicando os trabalhadores.

No direito sindical francês, as convenções e os acordos coletivos podem estabelecer condições mais favoráveis que a lei, inclusive sobre a designação e o exercício do mandato do representante de pessoal, modalidade de remuneração e outros temas. No entanto, é vedada a negociação *ad pejus* sobre esses direitos, podendo o Ministério Público atuar para impedir qualquer restrição a esses mesmos direitos. Aliás, a ordem pública deve fazer prevalecer as garantias constitucionais sobre qualquer convenção ou acordo que traga prejuízo aos trabalhadores.

No Brasil, as convenções e os acordos coletivos podem também estabelecer condições mais favoráveis. No entanto, por falta de normas regulamentando a negociação coletiva e os atos antissindicais, os sindicatos, especialmente nos últimos anos, não têm conseguido avanços significativos nas negociações. Praticamente, eles estão se limitando a manter as conquistas anteriores e, ainda por cima, apenas conseguindo, como reajuste salarial, parte da inflação acumulada no período duodecimal, a partir da data-base da categoria.

Além disso, com o advento da EC n. 45/2004, os sindicatos ficaram mais abertos para negociar, pois o acesso à Justiça do Trabalho ficou mais difícil e tormentoso. Basta lembrar o que está ocorrendo em relação à expressão "de comum acordo" para o ajuizamento de dissídio coletivo. Quanta polêmica! Quanta doutrina e jurisprudência divergentes!

Na França, relembre-se, os sindicatos participam da administração da securidade social, das caixas de desemprego, na gestão de empresas nacionalizadas e no funcionamento do conselho econômico e social.

No Brasil, os sindicatos participam de diversos órgãos da administração pública. Porém, em muitos deles, são representados pelas centrais sindicais que até bem pouco tempo não eram reconhecidas legalmente como entidades sindicais, vez que a medida provisória, que lhes dava essa prerrogativa, foi julgada como inconstitucional pelo STF. No entanto, os sindicalistas de todas as centrais sindicais uniram-se no sentido de pressionar e conseguir do governo federal e do congresso nacional uma lei que não só reconhecesse a legitimidade das centrais sindicais, mas também que mantivesse a unicidade sindical e a contribuição sindical compulsória.

Por oportuno, e para melhor compreensão do leitor, transcrevemos na íntegra a referida lei que, com todo o respeito, consideramos que ainda é um retrocesso no direito sindical brasileiro, especialmente em confronto com a Convenção n. 87 da Organização Internacional do Trabalho (OIT):

Lei n. 11.648, de 31.3.2008 (DOU 31.3.2008 — edição extra)

Dispõe sobre o reconhecimento formal das centrais sindicais para os fins que especifica, altera a Consolidação das Leis do Trabalho — CLT, aprovada pelo Decreto-lei n. 5.452, de 1º de maio de 1943, e dá outras providências.

O presidente da República. Faço saber que o Congresso nacional decreta e eu sanciono a seguinte Lei:

Art. 1º A central sindical, entidade de representação geral dos trabalhadores, constituída em âmbito nacional, terá as seguintes atribuições e prerrogativas:

I — coordenar a representação dos trabalhadores por meio das organizações sindicais a ela afiliadas; e

II — participar de negociações em fóruns, colegiados de órgãos públicos e demais espaços de diálogo social que possuam composição tripartite, nos quais estejam em discussão assuntos de interesse geral dos trabalhadores.

Parágrafo único. Considera-se central sindical, para os efeitos do disposto nesta Lei, a entidade associativa de direito privado composta por organizações sindicais de trabalhadores.

Art. 2º Para o exercício das atribuições e prerrogativas a que se refere o inciso II do *caput* do art. 1º desta lei, a central sindical deverá cumprir os seguintes requisitos:

I — filiação de, no mínimo, 100 (cem) sindicatos distribuídos nas 5 (cinco) regiões do País;

II — filiação em pelo menos 3 (três) regiões do País de, no mínimo, 20 (vinte) sindicatos em cada uma;

III — filiação de sindicatos em, no mínimo, 5 (cinco) setores de atividade econômica; e

IV — filiação de sindicatos que representem, no mínimo, 7% (sete por cento) do total de empregados sindicalizados em âmbito nacional.

Parágrafo único. O índice previsto no Inciso IV do *caput* deste artigo será de 5% (cinco por cento) do total de empregados sindicalizados em âmbito nacional no período de 24 (vinte e quatro) meses a contar da publicação desta Lei.

Art. 3º A indicação pela central sindical de representantes nos fóruns tripartites, conselhos e colegiados de órgãos públicos a que se refere o inciso II do *caput* do art. 1º desta lei será em número proporcional ao índice de representatividade previsto no inciso IV do *caput* do art. 2º desta Lei, salvo acordo entre centrais sindicais.

§ 1º O critério de proporcionalidade, bem como a possibilidade de acordo entre as centrais, previsto no *caput* deste artigo não poderá prejudicar a participação de outras centrais sindicais que atenderem aos requisitos estabelecidos no art. 2º desta Lei.

§ 2º A aplicação do disposto no *caput* deste artigo deverá preservar a paridade de representação de trabalhadores e empregadores em qualquer organismo mediante o qual sejam levadas a cabo as consultas.

Art. 4º A aferição dos requisitos de representatividade de que trata o art. 2º desta lei será realizada pelo Ministério do Trabalho e Emprego.

§ 1º O Ministério de Estado do Trabalho e Emprego, mediante consulta às centrais sindicais, poderá baixar instruções para disciplinar os procedimentos necessários à aferição dos requisitos de representatividade, bem como para alterá-los com base na análise dos índices de sindicalização dos sindicatos afiliados às centrais sindicais.

§ 2º Ato do Ministério de Estado do Trabalho e Emprego divulgará, anualmente, relação das centrais sindicais que atendem aos requisitos de que trata o art. 2º desta Lei, indicando seus índices de representatividade.

Art. 5º Os arts. 589, 590, 591 e 593 da Consolidação das Leis do Trabalho — CLT, aprovada pelo Decreto-lei n. 5.452, de 1º de maio de 1943, passam a vigorar com a seguinte redação:

Art. 589...

I — para os empregadores:

a) 5% (cinco por cento) para a confederação correspondente;

b) 15% (quinze por cento) para a federação;

c) 60% (sessenta por cento) para o sindicato respectivo; e

d) 20% (vinte por cento) para a "Conta Especial Emprego e Salário";

II — para os trabalhadores:

a) 5% (cinco por cento) para a confederação correspondente;

b) 10% (dez por cento) para a central sindical;

c) 60% (sessenta por cento) para o sindicato respectivo; e

d) 10% (dez por cento) para a "Conta Especial Emprego e Salário";

III — (revogado);

IV — (revogado).

§ 1º O sindicato de trabalhadores indicará ao Ministério do Trabalho e Emprego a central sindical a que estiver filiado como beneficiária da respectiva contribuição sindical, para fins de destinação dos créditos previstos neste artigo.

§ 2º A central sindical que se refere a alínea *b* do inciso II do *caput* deste artigo deverá atender aos requisitos de representatividade previstos na legislação específica sobre a matéria. (NR)

Art. 590. Inexistindo confederação, o percentual previsto no art. 589 desta Consolidação caberá à federação representativa do grupo.

§ 1º (Revogado).

§ 2º (Revogado).

§ 3º Não havendo sindicato, nem entidade sindical de grau superior ou central sindical, a contribuição sindical será creditada, integralmente, à Conta Especial Emprego e Salário.

§ 4º Não havendo indicação de central sindical, na forma do § 1º do art. 589 desta Consolidação, os percentuais que lhe caberiam serão destinados à "Conta Especial Emprego e Salário". (NR)

Art. 591. Inexistindo sindicato, os percentuais previstos nas alíneas *a* e *b* do inciso I e nas alíneas *a* e *c* do inciso II do *caput* do art. 589 desta Consolidação serão creditados à federação correspondente à mesma categoria econômica ou profissional.

Parágrafo único. Na hipótese do *caput* deste artigo, os percentuais previstos nas alíneas *a* e *b* do inciso I e nas alíneas *a* e *c* do inciso II do *caput* do art. 589 desta Consolidação caberão à confederação. (NR)

Art. 593. As percentagens atribuídas às entidades sindicais de grau superior e às centrais sindicais serão aplicadas de conformidade com o que dispuserem os respectivos conselhos de representantes ou estatutos.

Parágrafo único. Os recursos destinados às centrais sindicais deverão ser utilizados no custeio das atividades de representação geral dos trabalhadores decorrentes de suas atribuições legais." (NR)

Art. 6º (Vetado).

Art. 7º Os arts. 578 a 610 da Consolidação das Leis do Trabalho — CLT, aprovada pelo Decreto-lei n. 5.452, de 1º de maio de 1943, vigorarão até que a lei venha a disciplinar a contribuição negocial, vinculada ao exercício efetivo da negociação coletiva e à aprovação em assembleia geral da categoria.

Art. 8º Esta lei entra em vigor na data de sua publicação.

Brasília, 31 de março de 2008; 187º da Independência e 120º da República.

LUIZ INÁCIO LULA DA SILVA

Tarso Genro

Carlos Lupi

Essa lei, além de não representar qualquer avanço na reforma sindical, pelo contrário, vai retardar ainda mais os projetos que foram elaborados pelo Fórum Nacional do Trabalho (FNT), entidade tripartite criada pelo Poder Executivo com a finalidade de promover uma ampla reforma sindical no Brasil. Tais projetos encontram-se paralisados no congresso nacional há vários anos e sem nenhuma perspectiva de serem apreciados pelo Parlamento brasileiro, especialmente porque, em 2008, já houve eleições municipais e, em 2010, haverá eleições para presidente da República, governadores, senadores, deputados federais e estaduais.

Se, na França, o Código de Trabalho proíbe o empregador de impedir essa atuação sindical e o apena em caso de descumprimento, no Brasil, ao contrário, os empregadores invocam o Código Civil ou a Constituição Federal referente ao direito de propriedade para obstaculizar qualquer atividade sindical dentro da empresa, utilizando-se inclusive do "Interdito Proibitório" na Justiça do Trabalho como meio de reprimir a greve dos trabalhadores.

9. Representação dos trabalhadores na empresa privada e na empresa pública

Nesse ponto, sem dúvida, é que residem as maiores divergências, ou melhor, distanciamentos entre o modelo sindical francês e o modelo sindical brasileiro.

Com efeito, nesse particular, o direito francês é bastante extensivo e detalhado quanto às normas legais para que os trabalhadores possam exercer, sem oposição dos empregadores, o seu direito de representação dentro da empresa.

Como vimos no capítulo 7, item 5, em todas as empresas privadas onde haja pelo menos 11 empregados, os trabalhadores elegem os seus representantes, chamados de "representantes do pessoal", que exercem o papel de intermediários entre os trabalhadores e os dirigentes da empresa. No setor público, essa regra só se aplica com relação aos estabelecimentos públicos de caráter industrial e comercial.

No Brasil, como já aludimos antes, não existem normas legais que obriguem o empregador a aceitar a eleição e a representação dos trabalhadores dentro da empresa. Existe a experiência das Cipas, mas ainda, como se sabe, sob o total controle dos empregadores. Existe também a norma constitucional que autoriza a representação obreira por cada grupo de 200 trabalhadores na empresa.

No entanto, como já registrado, tal norma restou inócua em face até mesmo da inércia ou omissão dos dirigentes sindicais, que preferem ter apenas um representante ou um delegado de sua confiança dentro da empresa. Espécie de intermediário que representa mais os interesses da diretoria do sindicato do que os interesses dos trabalhadores dentro da empresa.

No Brasil, com raras exceções, os empregadores não permitem que o sindicato exerça a sua função dentro da empresa. Não há lei que obrigue o empregador a aceitar essa atuação. Na prática, alguns sindicatos conseguem, em acordos ou convenções coletivas, a permissão para divulgar algumas atividades do sindicato em "quadros de avisos" da empresa. Contudo, por exemplo, comunicado sobre possível greve, nem pensar. Mesmo o representante sindical na empresa, ou delegado sindical, tem sua atuação restrita e vigiada. Reunião para discutir problemas e reivindicações, dentro da empresa, não só é proibida como também é passível de repressão por parte do empregador.

Outro ponto que deve ser ressaltado é o direito à informação e à consulta entre empregadores e empregados. Esse direito é um grande avanço no direito sindical francês. Por isso, dissemos que o forte do sindicalismo francês reside na sua organização de base. No Brasil, é o contrário: o "forte" do movimento sindical sempre residiu nas cúpulas, ou diretorias sindicais, com pouca mobilização ou representação das bases, salvo as honrosas exceções.

10. Conselhos de Prud'hommes

Antes de tudo, verifica-se que, tanto na França quanto no Brasil, a intervenção estatal sempre se fez presente e atuante, não só na imposição de normas trabalhistas como também no seu controle e na sua aplicação.

Entretanto, ao fazermos esse paralelismo, queremos que fique bem claro que cada país tem suas peculiaridades, mesmo porque, na França, as leis trabalhistas são bem anteriores às leis brasileiras e, por conseguinte, aquelas são bem mais consolidadas do que estas.

Assim, os Conselhos de Prud'Hommes, como vimos anteriormente, é uma instituição que remonta ao início do século XIX (1806). Seus objetivos e o seu funcionamento assemelham-se muito aos conselhos mistos e permanentes de conciliação e de julgamento, que foram estabelecidos pelo Decreto n. 19.770, de 19 de março de 1931, aqui no Brasil. Esses conselhos deveriam ter como objetivo primordial diminuir os conflitos entre patrões, operários ou empre-gados. Foi, porém, o Decreto de n. 21.396, de 12 de maio de 1932, que criou as comissões mistas de conciliação para dirimir os dissídios entre empre-gadores e empregados.

Não obstante as diferenças de tempo e de circunstâncias históricas, essas comissões eram paritárias, formadas por representantes de empregadores e empregados e praticamente funcionavam nos moldes dos Conselhos de Prud'Hommes.

Com efeito, caso não houvesse acordo entre as partes, o presidente da comissão era obrigado a propor-lhes que o litígio fosse submetido a juiz arbitral e, se aceito pelas partes, o laudo proferido seria de cumprimento obrigatório. Se o laudo fosse rejeitado, o processo seria encaminhado ao Ministério do Trabalho para a sua devida solução. O ministro do trabalho poderia nomear uma comissão especial para proferir o laudo decisivo.

Por conseguinte, a nosso ver, essas comissões mistas, apesar de se situarem na esfera administrativa, representam, sem dúvida, as nossas primeiras tentativas trabalhistas, seguindo ou se aproximando do modelo francês: os Conselhos de Prud'Hommes.(164)

A Constituição Federal de 1934, promulgada no dia 16 de julho, instituiu a Justiça do Trabalho sem, no entanto, integrá-la ao Poder Judiciário, consoante estabelece o art. 122: "Para dirimir questões entre empregadores e empregados, regidos pela legislação social, fica instituída a Justiça do Trabalho, à qual não se aplica o disposto no capítulo IV do Título I".

O parágrafo único do referido artigo mantém as comissões de conciliação, como se verifica:

> A Constituição dos Tribunais do Trabalho e das comissões de conciliação obedecem sempre ao princípio da eleição de membros, metade pelas associações representativas dos empregados e metade pelas dos empregadores, sendo o presidente de livre nomeação do governo escolhido dentre pessoas de experiência e notória capacidade moral e intelectual.

No entanto, somente a partir de 1937, os tribunais do trabalho começaram a funcionar, conforme previa a Constituição getulista outorgada (art. 139).

Não resta dúvida de que o art. 138 da CF/1937 é quase uma cópia fiel da *Carta del Lavoro* do modelo italiano. Talvez seja pela insistência nessa "cópia" que os operadores do direito do trabalho no Brasil não se preocuparam muito em pesquisar outras fontes e outras influências sobre o direito do trabalho e o direito sindical brasileiro.

A CF/1937 ainda manteve a Justiça do Trabalho na esfera administrativa controlada pelo Ministério do Trabalho. O Decreto-lei n. 1.237, de 2.5.1939, regulamentou o texto constitucional com os seguintes órgãos e tribunais:

- Juntas de conciliação e julgamento;
- Conselhos regionais do trabalho;
- Conselho nacional do trabalho.

---

(164) ABREU, O. T. de. *As relações de trabalho no Brasil a partir de 1824*, p. 153-154.

O art. 60 desse Decreto estabelece a sentença normativa em processos de dissídios coletivos e o art. 81 proíbe a greve e o *blackout*.

Essa organização da Justiça do Trabalho não integrava ainda o Poder Judiciário.

O Decreto-lei n. 5.452, de 1º de maio de 1943, apenas transformou os conselhos regionais em tribunais regionais e o conselho nacional do trabalho em tribunal superior do trabalho, permanecendo os mesmos ainda na esfera administrativa.

Somente a partir da CF/1946 é que a Justiça do Trabalho passa a integrar o Poder Judiciário com as modificações já conhecidas feitas pela CF/1967, CF/1969 e CF/1988, inclusive a Emenda n. 45/2004.

Comparando os dois sistemas trabalhistas, o francês e o brasileiro, sem negar a influência do modelo italiano, constatamos muitas semelhanças e aproximações entre ambos.

Assim, podemos afirmar que, apesar de suas peculiaridades, os Conselhos de Prud'Hommes, os tribunais de alçada e a corte de cassação francesa apresentam objetivos e procedimentos similares com as juntas, hoje Varas de Conciliação e Julgamento, Tribunais Regionais do Trabalho e Tribunal Superior do Trabalho, no sistema trabalhista brasileiro.

11. Os órgãos centrais da administração do trabalho

Tanto na França quanto no Brasil, na medida em que as questões trabalhistas foram surgindo e se tornando complexas, o Estado começou a intervir fortemente nas relações entre empregadores e empregados.

Assim, esse papel ou essa função do Estado, cada vez mais frequente e até mesmo, muitas vezes, se utilizando de meios repressivos para defender a "ordem e a paz social", impôs a criação de órgãos administrativos especializados.

Na França, como vimos, além do primeiro-ministro, até mesmo o prefeito e a prefeitura têm o seu papel e o seu interesse na solução de questões trabalhistas. Acrescentem-se ainda o conselho de Estado e o conselho econômico e social como órgãos consultivos.

Sem dúvida, porém, seja no Brasil ou na França, foi e ainda é o Ministério do Trabalho que vem controlando, coordenando e fiscalizando, ora mais ora menos, as questões mais relevantes e importantes do direito do trabalho e do direito sindical. Na última década, o Ministério Público do Trabalho vem desempenhando um papel muito importante e relevante nas questões trabalhistas, utilizando dos instrumentos legais que lhe confere a lei.

No Brasil, assim como examinamos na França, o Ministério do Trabalho atua, sobretudo, por meio das delegacias do trabalho e emprego.

Essas delegacias do trabalho, por sua vez, dispõem de diversos órgãos consultivos, fiscalizadores e mediadores, submetidos à autoridade do delegado do trabalho. Este, por seu turno, presta contas ao ministro do trabalho.

Para melhor esclarecimento e comparação com o modelo francês, vejamos o que nos apresenta a CLT:

> Art. 155. Incumbe ao órgão de âmbito nacional competente em matéria de segurança e medicina do trabalho:
>
> I — estabelecer, nos limites de sua competência, normas sobre a aplicação dos preceitos deste capítulo, especialmente referidos no art. 200;
>
> II — coordenar, orientar controlar e supervisionar a fiscalização e as demais atividades relacionadas com a segurança e a medicina do trabalho em todo o território nacional, inclusive a Campanha Nacional de Prevenção de acidentes do trabalho;
>
> III — conhecer, em última instância, dos recursos, voluntários ou de ofício, das decisões proferidas pelos delegados Regionais do Trabalho, em matéria de segurança e medicina do trabalho.
>
> Art. 200. Cabe ao Ministério do Trabalho estabelecer disposições complementares às normas de que trata este Capítulo, tendo em vista as peculiaridades de cada atividade ou setor de trabalho, especialmente sobre:
>
> I — medidas de prevenção de acidentes e os equipamentos de proteção individual em obras de construção, demolição ou reparos.

Os incisos II a VIII tratam sobre os diversos ambientes de trabalho que os inspetores do trabalho devem fiscalizar, orientar ou apurar possíveis infrações às normas trabalhistas.

Portanto, como verificamos, há bastantes pontos comuns ou convergentes entre os dois sistemas trabalhistas e sindicais.

12. *Serviços externos*

Nesse ponto, a França e o Brasil convergem até mesmo em certos procedimentos, desde medidas preventivas até aquelas medidas repressivas e extremistas, de consequências penais até fechamento de empresas reincidentes.

Na França, a partir do século XIX (1892), já havia sido constituído um quadro de inspetores do trabalho com a finalidade de fiscalizar a aplicação das normas trabalhistas por parte das empresas. No Brasil, essa organização se realizou tardiamente, a partir, sobretudo, do advento da CLT, pois antes era a polícia que agia, em nome do Poder Executivo, para reprimir qualquer conflito ou distúrbio nas relações do trabalho.

Vimos que, no modelo francês, as atribuições da inspeção do trabalho são, em síntese, as seguintes:

- poder de controle;
- poder de decisão;
- papel de orientação e conciliação;
- participação nas diretorias departamentais em matéria de emprego e condições de trabalho;
- coleta de informações relevantes para o acompanhamento e o aperfeiçoamento das normas trabalhistas;
- poder de investigação e de constatação de infrações, que são apreciadas e julgadas pelo Ministério do Trabalho ou pelo tribunal competente, conforme o caso.

No Brasil, as atribuições da infração do trabalho são as seguintes, consoante o que estabelece a CLT:

> Art. 160. Nenhum estabelecimento poderá iniciar suas atividades sem prévia inspeção e aprovação das respectivas instalações pela autoridade regional competente em matéria de segurança e medicina do trabalho.
>
> § 1º Nova inspeção deverá ser feita quando ocorrer modificação substancial na instalação, inclusive equipamentos, que a empresa fica obrigada a comunicar, prontamente, à Delegacia Regional do Trabalho.
>
> § 2º É facultado às empresas solicitar prévia aprovação, pela Delegacia Regional do Trabalho, dos projetos de construção e respectivas instalações.
>
> Art. 161. O delegado regional do trabalho, à vista do laudo técnico do serviço competente que demonstre grave e imite risco para o trabalhador, poderá interditar estabelecimento, setor de serviço, máquina ou equipamento, ou embargar obra, indicando na decisão, tomada com a brevidade que a ocorrência exigir, as providências que deverão ser adotadas para prevenção de infortúnios de trabalho.
>
> § 1º As autoridades federais, estaduais e municipais darão imediato apoio às medidas determinadas pelo Delegado Regional do Trabalho.
>
> Os §§ 2º ao 6º se referem aos procedimentos pelos quais o delegado regional do trabalho tomará as providências cabíveis em face das questões trabalhistas surgidas nos diversos ambientes de trabalho.

13. *As instituições regionais e internacionais*

A Organização Internacional do Trabalho (OIT) é reconhecida por todos, não só como muito importante, mas também como a organização que mais influencia e contribui para o direito do trabalho e para o direito sindical.

A França e o Brasil, assim como os demais países do Ocidente, vêm participando da OIT desde a sua fundação até os dias atuais.

O Brasil e a França vêm assinando e ratificando quase todas as convenções da OIT. No entanto, uma das mais importantes convenções internacionais não foi ratificada pelo Brasil: a Convenção n. 87, que trata da liberdade sindical.

O Brasil, até hoje, ainda não ratificou a Convenção n. 87 da OIT, a qual é considerada por Arion Sayão Romita como o instrumento fundamental e tema de liberdade sindical, até porque suas normas constitucionais sobre sindicalização não o permitem (como já vimos na análise do art. 8º da Constituição Federal de 1988). Todavia, é oportuno dizer que, em obediência à Constituição da OIT, o presidente Eurico Gaspar Dutra encaminhou o texto da Convenção n. 87 ao congresso nacional, mediante mensagem n. 256, de 31.5.1949. De lá para cá, o referido projeto de ratificação ficou paralisado em face, como vimos, das diversas Constituições que adotaram o princípio da unicidade sindical, em flagrante descompasso com a referida Convenção n. 87. No entanto, como veremos adiante, já existem no congresso nacional alguns projetos de emenda constitucional visando à instituição da liberdade sindical.

Entretanto, agora perguntamos o porquê dessa grande divergência entre o modelo sindical francês e o brasileiro. Por que a França ratificou a Convenção n. 87 da OIT e o Brasil não a ratificou? De nossa parte, queremos apresentar duas causas que nos parecem explicar essa divergência.

Em primeiro lugar, como já frisamos, achamos que o movimento sindical francês teve e tem o seu forte na organização de base, que, por sua vez, sempre foi respaldada por uma direção de cúpula bem militante e politicamente preparada. Ressalte-se ainda que o movimento sindical francês participou da "Resistência" contra a invasão da Alemanha.

Em segundo lugar, o Estado francês, apesar de reprimir, aqui e acolá, o movimento sindical, sempre lhe fez concessões e procurou dialogar. No Brasil acontece o contrário: apesar de os trabalhadores terem reagido à exploração capitalista tentando se organizar, o Estado brasileiro sempre procurou reprimir e abafar o movimento sindical. Para isso, cooptou muitos dirigentes sindicais e transformou-os em "profissionais do sindicalismo de cúpula", colocando-os confortavelmente nas diretorias de federações e confederações, seja de empregadores, seja de empregados.

Num quadro desses, como é que a Convenção n. 87 da OIT poderia ou poderá ser ratificada? Sabemos que há honrosas exceções mas, de modo geral, os dirigentes sindicais brasileiros ainda hoje temem aprovar a plena liberdade sindical porque não querem abrir mão da unicidade sindical e da contribuição sindical.

Quanto às instituições regionais, a França participa da União Europeia (UE), com as consequências daí advindas do movimento sindical francês, inclusive com uma organização sindical de nível regional.

O Brasil, por sua vez, participa do Mercado Comum do Sul (Mercosul) que, apesar de não possuir a mesma consistência e efetivação político-econômica em relação à União Europeia, já é uma organização regional que começou a dar os seus primeiros passos rumo à integração regional.

Com efeito, após inúmeros convênios assinados entre vários países da América Latina, foi constituído o mercado que veio a se chamar "Mercado Comum do Sul (Mercosul)", por intermédio do Tratado de Assunção. Foram signatários desse tratado a Argentina, o Brasil, o Paraguai e o Uruguai.[165]

Em nível de organização sindical, já se formaram algumas comissões integradas por centrais e confederações sindicais com vistas a garantir a defesa dos direitos dos trabalhadores latino-americanos.

Entretanto, não podemos esquecer, como nos adverte o jurista Oscar Ernández Alvarez, as grandes dificuldades para um pacto social na América Latina, especialmente relativas à ordem política, à ordem social, à ordem técnica e à ordem ideológica.

Assim, se em nível de Estados se encontram tantas dificuldades, podemos imaginar que também não será tão fácil uma integração e uma harmonização do direito sindical e do movimento sindical na América Latina, por intermédio do Mercosul.

Como vimos, o modelo sindical francês encontra-se bem mais avançado quanto à sua participação na estrutura e na solução das questões trabalhistas pertinentes à União Europeia. O modelo sindical brasileiro ainda está ensaiando os primeiros passos para sua participação no Mercosul. Entretanto, há sinais de um futuro promissor para o movimento sindical latino-americano, na medida em que se fortalecem os regimes democráticos em cada um dos países-membros que compõem o Mercado Comum do Sul.

14. Breve histórico da greve

A questão da greve, até os dias atuais, é bastante controversa, seja na França, no Brasil ou em qualquer outro país. Com efeito, ela revela o conflito bastante permanente que existe entre o capital e o trabalho. No entanto, não resta dúvida de que o seu enquadramento, como direito, variou e varia de acordo com o processo civilizatório e democrático de cada país.

(165) NORRIS, R. *Contratos coletivos supranacionais de trabalho e internacionalização das relações do Mercosul*, p. 21-28.

Assim, na França, o direito de greve, apesar das restrições, já era admitido a partir da segunda metade do século XIX (1864). No Brasil, a greve foi testada como "caso de polícia" até o advento da Lei n. 4.330, de 1º de junho de 1964, em plena ditadura militar. Na prática, tal direito não poderia ser exercido ou, então, era de difícil execução.

Registre-se que, tanto na França quanto no Brasil, os trabalhadores de modo geral nunca se conformaram com essa proibição e, muitas vezes, enfrentaram as forças repressoras na luta pela conquista dos seus direitos.

Nessa luta, houve muitos mártires e heróis, cujas histórias não foram contadas, mas que deixaram um legado de mobilização e organização, que é seguido, mesmo inconscientemente, por milhares de trabalhadores, como estamos percebendo, atualmente, tanto na França quanto no Brasil.

Nesse contexto, para conter a onda de greves que se alastrou, principalmente no setor público, tanto a França quanto o Brasil já esboçaram projetos de lei que limitam e restringem o exercício do direito de greve, conforme tem noticiado a mídia nacional e a internacional.

15. *Concepção geral da greve*

Como vimos anteriormente, os sistemas jurídicos são divergentes e variáveis quanto à concepção da greve.

O direito sindical francês e o brasileiro evoluíram no sentido de que a greve é um direito dos trabalhadores. Esse direito foi alçado a um patamar constitucional. Tanto a Constituição francesa quanto a Constituição brasileira consagraram o direito de greve. Entretanto, o exercício do direito de greve na França é divergente do exercício do direito de greve no Brasil.

Como vimos, na França o direito de greve é reservado tão somente aos empregados. Só os trabalhadores interessados podem deflagrar o movimento paredista. Na prática, no entanto, o sindicato é que orienta e conduz a greve, não obstante ocorrerem muitas greves por iniciativa dos próprios trabalhadores. No Brasil, como sabemos, é o sindicato que toma a iniciativa de mobilizar e conduzir a greve.

Na França, a regulamentação do exercício do direito de greve se deu e se dá por meio da jurisprudência e do conselho constitucional.

16. *A definição do direito de greve*

Do ponto de vista legal e jurisprudencial, tanto o direito sindical francês quanto o brasileiro consideram a greve como uma suspensão coletiva do trabalho para apoio às reivindicações dos trabalhadores empregados.

Assim, outras categorias que não se enquadram como empregados ou assalariados não estão juridicamente acobertadas pelo direito de greve.

Quanto aos procedimentos para a deflagração da greve, há bastante divergência entre o direito francês e o direito brasileiro.

Com efeito, na França, no setor privado, não há exigência de aviso prévio ao empregador para a deflagração do movimento paredista. Porém, no setor público, há pré-requisitos a serem cumpridos: comunicado prévio e pauta de reivindicações.

No Brasil, segundo a Lei n. 7.783, de 28 de junho de 1989, há pré-requisitos legais a serem cumpridos também pelo setor privado, especialmente em relação às atividades essenciais para a população, tais como:

- exigência de negociação prévia ou via arbitral;
- comunicado prévio de 48 horas para o setor privado e 72 horas para as atividades essenciais (arts. 10 e 13 da referida lei);
- os trabalhadores são obrigados a manter as atividades essenciais à população (arts. 4º, 5º, 6º, 11º, 12º e 14º da Lei da Greve n. 7.783/1989);
- as punições pelo descumprimento são severas, conforme a legislação trabalhista civil ou penal (art. 15 da mesma lei);
- o empregador não poderá se utilizar do *lockout* (art. 17).

Ressalte-se, por oportuno, que, na França, no setor público, somente a organização sindical pode deflagrar a greve. Na prática, como se sabe, essas exigências legais nem sempre são cumpridas, seja no Brasil como na França.

Tanto no Brasil como na França existe uma grande discussão em torno da seguinte questão: uma greve geral, que envolve reivindicações gerais e que implica até mesmo um caráter político, pode ser considerada lícita e legal?

Não há consenso a esse respeito, nem na jurisprudência nem na doutrina. Em qualquer hipótese, uma greve ilegal pode acarretar sérias punições para os trabalhadores e para os sindicatos envolvidos, inclusive podendo haver demissões por justa causa.

17. O exercício do direito de greve

O direito de greve, apesar de ser um direito constitucional, tanto na França quanto no Brasil ainda está mal protegido.

Além de cuidar para que a greve seja lícita e legal, os trabalhadores podem perder o pagamento dos dias paralisados, caso não haja acordo ou convenção coletiva.

Se houver falta grave, o trabalhador poderá perder o seu emprego.

Por outro lado, na França, em face do exercício regular do direito de greve, o empregador não poderá tomar nenhuma sanção contra o grevista, nem mesmo em matéria de remuneração ou de vantagens sociais. No Brasil, há uma diferença muito grande. Após a greve, o empregador, sem nenhuma justificativa, pode demitir os empregados a seu bel-prazer. E não precisa dizer o motivo.

No Brasil, mesmo que o empregado prove que foi demitido em razão da greve, não cabe a reintegração imediata. Ao contrário da França, onde cabe a reintegração imediata.

18. Os direitos do empregador em face da greve

É claro que o leitor já percebeu que, tanto na França quanto no Brasil, o empregador dispõe de certos direitos para poder impor o seu *jus ordinandi* ou *jus imperandi* — expressões consagradas, cuja tradução literal significa "o direito de ordenar" e "o direito de mandar".

Nesse sentido, ambos os sistemas sindicais ora analisados têm muito em comum.

Com efeito, o empregador francês e o brasileiro, em havendo greve, podem acionar desde os meios de comunicação para intimidar os trabalhadores e provocar o Poder Judiciário até mesmo demitir por justa causa (dependendo das faltas cometidas por cada trabalhador).

Há, porém, duas divergências que nos parecem muito importantes entre os dois modelos sindicais:

1) O direito francês não permite a demissão do empregado em razão de greve, mas o direito brasileiro permite, mesmo que implicitamente;

2) O direito francês tem normas claras e explícitas para negociação coletiva, que obriga o empregador a buscar meios de resolver o conflito coletivo. O direito brasileiro não dispõe de lei específica que ajude as partes a negociarem. Ao contrário: pela nova redação do art. 114 da CF/1988, os trabalhadores, especialmente as categorias mais fracas, quase ou nem sequer podem ter acesso ao Poder Judiciário. Pelo menos essa é a posição predominante na Justiça do Trabalho na interpretação da exigência em relação ao "de comum acordo" para ajuizamento do dissídio coletivo.

Quanto ao *lockout*, o empregador não pode utilizá-lo. Os dois modelos sindicais são convergentes nesse ponto. A exceção permitida é tão somente quando a empresa se fecha por força das circunstâncias e não por vontade do empregador. Em caso de *lockout* voluntário, o empregador é obrigado a pagar aos empregados os dias ou horas perdidos.

Acrescente-se que o Poder Judiciário, tanto na França quanto no Brasil, pode ser provocado pelo Ministério Público em caso de greve.

Na França, não há condições preestabelecidas para que as partes requeiram a intervenção da justiça. No Brasil, como vimos, há certos requisitos a serem cumpridos e o mais condicionante deles é o de "comum acordo" das partes para a propositura do dissídio coletivo.

19. Polêmica atual sobre o exercício do direito de greve

Na França, a lei não prevê as diversas atividades essenciais que devem ser preservadas em caso de greve, especialmente as do setor público. No Brasil, há lei específica sobre essa matéria, inclusive responsabilizando os empregados e os empregadores em caso de descumprimento. Entretanto, tanto o governo francês quanto o governo brasileiro já dispõem de projetos de lei para restringir e limitar o exercício do direito de greve em todas as atitudes consideradas essenciais.

A principal justificativa que apresentam para essas condições restritivas é a de ordem pública para evitar prejuízos irreparáveis à sociedade como um todo.

É claro que ninguém de bom senso pode ser contra essas intervenções do governo, mas, no fundo, uma rigidez excessiva sobre o exercício do direito de greve pode causar, ainda mais, arrocho salarial em vista de maior lucratividade das empresas e redução de outros direitos trabalhistas. É o capital se arrumando cada vez mais para enfraquecer o movimento sindical e flexibilizar, ao máximo, os direitos trabalhistas e sociais.

Diante disso, apesar de certa timidez, percebe-se que os sindicalistas dos dois países começaram a se mobilizar contra tais projetos.

De fato, não seria difícil prever que, nos próximos meses ou anos, poderíamos presenciar ou vivenciar grandes tensões sociais tanto na França quanto no Brasil em virtude das imposições do neoliberalismo sobre os trabalhadores, classe média e outros segmentos sociais menos protegidos no atual estágio da sociedade.

Ora, tal prognóstico feito acima não demorou a se realizar, porquanto, logo no mês de outubro de 2007, os trabalhadores franceses se mobilizaram novamente contra o projeto do governo Sarkozy, que pretendia reduzir direitos e vantagens dos aposentados e beneficiários do sistema de seguridade social.

A mídia, de modo geral, estampa manchetes bem significativas: "Seis meses após sua entrada em Champs-Elysées, o chefe de Estado enfrenta uma avalanche de contestação contra a sua política";[166] "Sarkozy tenta acalmar os pescadores marinhos que ficaram furiosos pela alta dos combustíveis";[167] "Greves na França. O protesto estudantil já afeta 36 universidades".[168]

No Brasil, especialmente a partir do segundo semestre de 2007, as centrais sindicais se mobilizaram, de um modo geral, por um objetivo dúbio. Como já dissemos acima, as centrais sindicais, por um lado lutavam pelo seu reconhecimento como entidades sindicais para todos os efeitos legais, mas por outro lado lutavam para excluir e derrubar do referido projeto (PEC) o texto que eliminava a famigerada contribuição sindical.

Como vemos, o movimento sindical nem sempre é coerente e retilíneo, seja na França ou no Brasil, parecendo muitas vezes que as cúpulas sindicais se preocupam muito mais em defender os seus "privilégios" do que os reais interesses dos trabalhadores.

No entanto, por pressão das bases, os dirigentes sindicais, especialmente a partir da Confederação Geral dos Trabalhadores (CGT), tiraram a seguinte proposta: negociações tripartidas entre sindicatos, "as direções das empresas e os representantes do Estado sobre cada um dos regimes especiais (da reforma)".

Por seu lado, o governo francês condicionou as negociações ao fim da greve no transporte público.[169] Assim, mais uma vez, evitando uma radicalização que prejudicaria milhões de pessoas, os sindicatos preferiram e decidiram pela negociação.

Sem dúvida, após esses confrontos coletivos, foram ou serão tiradas as devidas lições históricas tanto por parte dos trabalhadores franceses, quanto dos empresários e do governo francês.

Desse modo, nada poderá ser imposto de cima para baixo. Para qualquer reforma que envolva milhares ou milhões de pessoas, há que se fazer um debate em todas as instâncias para que ao menos uma maioria absoluta assimile e defenda essa reforma.

Como prevíamos, as lutas e as greves dos trabalhadores franceses trouxeram como consequência a lei de 20 de outubro de 2008 sobre a reforma da democracia social e a representatividade sindical que comentamos no capítulo 7.

---

(166) *Le Figaro*, 7.11.2007, n. 19.678, p. 1.
(167) *Ibidem*, p. 17.
(168) *El País*, 15.11.2007, n. 11.114, p. 3.
(169) Disponível em: <http://www.rtp.pt/notícias/index.php?article=307237> Acesso em: 18.1.2008.

Eis aí um modelo que, devidamente adaptado, poderá servir de parâmetro ou morte para um modelo sindical brasileiro, quiçá para a América Latina.

Entretanto, ressalte-se que o movimento sindical francês e o movimento sindical brasileiro, pelo menos os seus dirigentes máximos, estão cientes de que essas reformas atinentes à aposentadoria estão no bojo das grandes reformas que são preconizadas e, de certa forma, impostas pelo neoliberalismo. Essa é, sem dúvida, uma nova forma ou uma nova etapa do capitalismo nos dias atuais.

Esse projeto global do capitalismo está codificado com precisão em um relatório do Banco Mundial desde o ano de 1994 (*Averting the old age: polices to protect the old and promote growth*). Em resumo, esse projeto do Banco Mundial preconiza a instituição de três pilares:

- Primeiro pilar, obrigatório: um sistema público de assistência, financiado por impostos e encarregado de pagar uma quantia mínima por velhice, fixada em um valor baixo, estabelecido em 20% do salário médio;
- Segundo pilar, obrigatório: o centro do sistema repousa sobre as poupanças individuais financiadas por contribuições obrigatórias e geridas por instituições à escolha do trabalhador; e,
- Terceiro pilar, facultativo: a poupança individual permite a cada um completar, como quiser, os pilares obrigatórios.[170]

Em sendo assim, percebe-se facilmente que tanto o direito sindical francês quanto o direito sindical brasileiro são estreitamente inter-relacionados com outros ramos do direito, especificamente, aqui, com o direito previdenciário e tributário.

Sem dúvida, como já tivemos oportunidade de aludir acima sobre outros aspectos do direito sindical, o sistema de aposentadorias do Brasil não foge muito às regras gerais do sistema de aposentadorias da França.

Por fim, ressalte-se que o direito sindical é bastante evolutivo e dinâmico, sendo impossível, numa simples pesquisa como esta, descrever e ter um domínio atualizado de todo esse dinamismo, vez que as mudanças socioeconômicas são tantas que transformam velozmente as relações trabalhistas.

(170) Disponível em: <http://www.attac.org/spip.php?article3433> Acesso em: 10.1.2008.

Conclusão

Após essas constatações e reflexões sobre as convergências e divergências entre o direito sindical francês e o direito sindical brasileiro, não nos parece muito fácil extrair uma conclusão geral.

Primeiro porque seria necessário aprofundar muito mais cada tema aqui pesquisado. Segundo porque seria mister também confrontarmos, na prática, como funcionam hoje os dois sistemas sindicais, tarefa essa que não está ao nosso alcance, ao menos por enquanto.

A nossa pesquisa, portanto, restringiu-se particularmente ao campo da legislação e da doutrina dos dois sistemas, procurando, na medida do possível, subsídios atualizados na mídia, especialmente na internet.

Porém, de todo modo, e apenas como indicação de uma possível conclusão desta pesquisa, podemos afirmar que desde os antecedentes históricos até os dias atuais (2004/2010), o direito sindical francês tem muitos pontos comuns e convergentes com o direito sindical brasileiro. Este, sem dúvida, direta ou indiretamente, foi influenciado pelo direito francês, concomitantemente pelo direito italiano e outros.

No entanto, o que se verifica no Brasil é que estudiosos do direito sindical quase não se interessam pelo direito sindical francês. Exemplo claro desse desinteresse é a falta de bibliografia nacional sobre a matéria. Para realizarmos esta pesquisa, tivemos que dispor quase tão somente de livros na língua francesa, excetuando-se apenas os que falavam sobre o direito sindical na União Europeia e o *Manual do direito do trabalho*, de J. C. Javillier, traduzido e publicado pela LTr em 1988 e, como já frisamos, o *Curso de direito do trabalho francês*, em 2009, sob a coordenação do professor Nelson Mannrich, na Faculdade de Direito do Largo São Francisco (USP/SP).

Assim, prosseguindo a conclusão anterior, podemos também dizer que, após a Segunda Guerra Mundial (1946), o direito sindical francês avançou no sentido organizacional das bases, sobretudo entre os operários, tendo como luzes as normas da Organização Internacional do Trabalho (OIT); consequentemente, a sua estrutura sindical foi se fortalecendo e se democratizando.

No Brasil, não obstante os avanços teóricos da CF/1946, a organização sindical quedou-se no imobilismo e as regras que prevaleceram foram aquelas ditadas pela CLT — situação esta que perdurou até a CF/1988.

Como sabemos, apenas para relembrar, nem mesmo a CF/1988 conseguiu dar grande avanço no modelo sindical, prevalecendo, ainda, o conservadorismo das cúpulas sindicais tanto dos empregados quanto dos empregadores.

A reforma sindical proposta pelo governo Lula — miscelânea fruto das várias correntes participantes do Fórum Nacional do Trabalho — está sendo alvo dos mais variados ataques, seja por parte de trabalhadores, seja por parte dos empregadores.

Com a crise política que se acirrou, o congresso nacional não debateu e nem deliberou sobre a reforma sindical na primeira gestão (até 2006) do governo Lula, mesmo porque no ano de 2006 foram realizadas as eleições para presidente da República, governadores, senadores, deputados federais e estaduais.

Na legislatura e na segunda gestão do governo Lula (2006-2010), esse debate não teve início no congresso nacional, sem dúvida em face de diversos fatores políticos que não cabe aqui analisá-los.

No entanto, infelizmente, por causa de fortes pressões, em especial dos dirigentes sindicais, o congresso nacional, em vez de debater uma ampla reforma sindical, apenas debateu e legislou sobre contribuição sindical e legitimidade das centrais sindicais, o que se materializou pela Lei n. 11.648/2008 já citada.

Entretanto, enquanto a reforma sindical não vem, cabe aos sindicalistas autênticos e combativos continuarem a lutar denodamente, mobilizando e organizando os trabalhadores, especialmente nas bases, em torno dos seus interesses e dos interesses da sociedade como um todo.

Os verdadeiros e autênticos sindicalistas não podem e não devem esperar que o poder Executivo — dominado e controlado pelo poder econômico — venha resolver os problemas sindicais. Eles, sim, é que devem estar na vanguarda da luta e da solução dessas questões.

Referências

ABREU, O. T. de. *As relações de trabalho no Brasil a partir de 1824*. São Paulo: LTr, 2005.

ALIPRANTIS, N. *La place de la convention collective dans la hiérarchie des normes*. Paris: Librarie Générale de Droit et de Jurisprudence, 1980.

ALLAND, D. *et al*. *Dictionnaire de la culture juridique*. Paris: Presses Universitaires, 2003.

ALMEIDA, R. R. Visão histórica da liberdade sindical. *Revista LTr*, n. 70, 2006. p. 363.

ALVAREZ, O, H. *O pacto social na América Latina*. São Paulo: LTr, 1996.

BIHR, A. *Da grande noite à alternativa*. O movimento operário europeu em crise. 2. ed. Tradução de Wanda Caldeira Brant. São Paulo: Boitempo, 1999.

BRITO FILHO, J. C. M. de. *Direito sindical*. 2. ed. São Paulo: LTr, 2007.

CAMERLYNCK, G. H. *et al*. *Tendances du droit du travail français contemporain*. Études offertes à G. H. Camerlynck. Paris: Dalloz, 1978.

COMPARATO, F. K. *A afirmação histórica dos direitos humanos*. 3. ed. São Paulo: Saraiva, 2004.

COSTA, T. M. da (coord.). *Introdução ao direito francês*. Curitiba: Juruá, 2009.

FERREIRA, J. *et al*. *As formações das tradições*. Rio de Janeiro: Civilização Brasileira, 2007.

FREDIANI, Y. *et al*. *Relações de direito coletivo Brasil-Itália*. São Paulo: LTr, 2004.

JAVILLIER, J. C. *Manual de direito do trabalho*. São Paulo: LTr, 1988.

LAROUSSE, P. *Dictionnaire encyclopédique Larousse*. Paris: Larousse, 2001.

LYON-CAEN, G. *et al*. *Droit du travail*. 19. ed. Paris: Dalloz, 1998.

NASCIMENTO, A. M. *Compêndio de direito sindical*. 3. ed. São Paulo: LTr, 2003.

NORRIS, R. *Contratos coletivos supranacionais de trabalho e a internacionalização das relações laborais no Mercosul*. São Paulo: LTr, 1998.

PINTO, J. A. R. *Direito sindical e coletivo do trabalho*. São Paulo: LTr, 1998.

POIRIER, M. *Dictionnaire du procès prud'homal*. Paris: Ellipse, 2007.

POULAIN, G. *Les contrats de travail à durée déterminée.* 2. ed. Paris: Litec, 1994.

RIVERO, J.; SAVATIER, J. *Droit du travail*. Paris: Presses Universitáires de France, 1993.

ROUSSELLIER, N. *L' Europe des traités* (de Scherman à Debors). Paris: CNRS, 2007.

SANDRONI, P. *Novíssimo dicionário de economia.* São Paulo: Best Seller, 2001.

SANTOS, E. R. dos; SILVA, O. P. e (coords.). *Temas controvertidos do direito coletivo do trabalho no comércio nacional e internacional.* São Paulo: LTr, 2006.

SÜSSEKIND, A. *Convenções da OIT.* São Paulo: LTr, 1994.

TEYSSIÉ, B. *Droit du travail.* 2. Relations collectives de Travail. 2. ed. Paris: Litec, 1993.

______. (org.). *Code du travail.* 72. ed. Paris: Dalloz, 2010.

VERDIER, Jean-Maurice *et al. Droit syndical et droits de l'homme à l'aube du XXIe siècle.* Mélanges en l'honneur de Jean-Maurice Verdier. Paris: Dalloz, 2001.

Produção Gráfica e Editoração Eletrônica: R. P. TIEZZI
Projeto de Capa: R. P. TIEZZI
Impressão: ORGRAFIC EDITORA